直播就该这么做

郑清元 ◎ 著

主播高效沟通实战指南

机械工业出版社
CHINA MACHINE PRESS

随着直播的兴起，人人都可能成为流量的入口，每个人都可能成为直播高手。5G 时代的来临，更让直播如虎添翼。直播是人与人沟通的艺术，并不是简单的唱歌跳舞和才艺展示。如何与粉丝沟通，如何通过语言向粉丝传递价值，如何留存粉丝，如何转化并变现，这些都是主播关心的问题。

本书从如何做好主播入手，重点阐释主播与粉丝沟通的方法与技巧，同时融入了沟通的心法等，帮助主播快速掌握沟通技巧，高效做好直播，并快速变现。同时，本书为了全面帮助主播成长，还加入了主播运营、主播营销的内容，是做好主播不可或缺的随身宝典。

图书在版编目（CIP）数据

直播就该这么做：主播高效沟通实战指南 / 郑清元著. -- 北京：机械工业出版社，2020.5（2024.8重印）
ISBN 978-7-111-65433-9

Ⅰ．①直… Ⅱ．①郑… Ⅲ．①网络营销 Ⅳ．①F713.365.2

中国版本图书馆CIP数据核字（2020）第066324号

机械工业出版社（北京市百万庄大街22号　邮政编码100037）
策划编辑：解文涛　　责任编辑：解文涛　李佳贝
责任校对：李　伟　　责任印制：张　博
三河市国英印务有限公司印刷

2024年8月第1版第14次印刷
170mm×230mm・16印张・1插页・241千字
标准书号：ISBN 978-7-111-65433-9
定价：69.80 元

电话服务　　　　　　　　网络服务
客服电话：010-88361066　　机　工　官　网：www.cmpbook.com
　　　　　010-88379833　　机　工　官　博：weibo.com/cmp1952
　　　　　010-68326294　　金　书　网：www.golden-book.com
封底无防伪标均为盗版　　　机工教育服务网：www.cmpedu.com

你，是否能成为下一个李佳琦？

曾有人"预言"：网红经济只不过是一场过眼云烟，两三年内便会偃旗息鼓。但随着时间的推移，我们看到这一现象不仅没有丝毫"退烧"，反而愈演愈烈。如今不但电商领域掀起了直播热潮，而且在各行各业都有人参与到直播中来，如恒大集团就通过直播疯狂卖房。

未来，直播可能会成为大家生活中必不可少的一道"菜"，直播会进入大家的日常生活，人人都有可能成为主播。但大多数人，根本不了解如何成为一名合格的主播，如何做一场简单的直播，如何在直播时与粉丝畅快沟通，如何吸引粉丝留在直播间……

如何表达与沟通，成了主播最需要提升的技巧。甜如李佳琦、彪如散打哥，每一个主播都有自己最独特的说话方式。这就是直播主播看起来与电视购物主播大体上没有区别，但他们却能创造出后者完全无法比拟的奇迹的原因——说的内容不同、说的技巧不同、说的风格不同、说的目的不同，所以最终的效果也截然不同。

想要如李佳琦等网红一般，能够365天在直播间"不停地唠叨"，这不是简单的一句话，或是互联网上一篇简单的文章就可以说清楚的。要畅快地与粉丝沟通，主播需要系统地提升自己。

本书基于郑清元老师无数场主播培训的实践经验，从如何做好主播入手详细阐释了做好主播的方法与技巧。内容分别是做高手主播的8个要素、沟通要从心开始、主播开场如何合理调动气氛、主播沟通的场景、主播沟通的8个习惯、主播的6项修炼、主播的声调与语速修炼、主播说话风格与个性打造、主播如何随机应变与救场、主播提升沟通效率的45个技巧、主播如何销讲与成交、主播运营与营销技巧。

本书在正文之前插入了有关如何完成一次高质量直播的内容，就是想帮助主播熟练掌握直播的合理、有效流程。对于很多主播来说，做直播都是靠着自己的一腔热血，没有经过专业化训练，所以掌握一个合理、高效的流程是非常重要的。

本书适合各行各业的全职或兼职主播学习使用，也适合那些想要通过直播展现自己的生活、通过直播推广自己的新手主播学习使用。无论你是一名直播新人，还是有一定数量的粉丝但遇到发展瓶颈的主播，都会在这本书里找到自身问题的解决方法，并进行有针对性的练习和提升。

想要成为网红主播，并不是那么简单

主播是一个随着移动互联网、5G技术发展而兴起的职业。在近五年的时间里，从一开始的备受争议到突破重围，再到如今的蓬勃发展，直播这个行业已经不再是简单的消遣、娱乐产业，而是成了上下游关系链成熟、目标客户精准、市场热度极高的完整产业。

要想成为网红主播，并不是那么简单。据有关数据显示：中国有多达300家视频直播平台，其中主播数量超过百万人。主播虽然看起来表面光鲜，但事实上真正能产生高收益的却寥寥无几。封面新闻曾发布的数据显示：超过76%的主播月收入低于万元。而以我对直播行业的观察和与众多主播的交流、了解得知，这一数字应当还会更大。二八定律在直播领域同样适用，多数主播不过只是挣着一份辛苦钱罢了。

网红主播才是大多数人真正想要成为的主播。如李佳琦、散打哥等，取得了耀眼的成绩。

做主播看起来似乎很简单：对着手机、电脑摄像头与网友"唠"即可，但是为什么很多人就不能"唠"出来成交百万元的成绩，不能"唠"出来粉丝破千万的神话？

因为大多数人并不专业。主播是一个职业，想要成为网红主播，就必须具备专业能力。李佳琦可以做到365天全年无停播、放弃一切私生活，你可以做到吗？我并不是说每一个想要成为网红主播的人都必须按照李佳琦的方式生活，而是想让大家理解：主播这项工作并不容易。当自己真的投入这项事业之中，你才会发现这个行业中有太多的知识、技巧亟待掌握：直播开始时说什么话？遇到粉丝提出无理要求时该怎么办？怎么样将话说得清楚且有趣？又该从哪些角度提升粉丝的好感度？

在给主播做培训的过程中，我发现多数人一开始都很茫然，只是带着想要赚钱却又有些玩闹的态度对待直播，随手抄两个笑话、唱一首不痛不痒的歌、卖着不知名的产品……恶性循环下，多数人丧失了做主播的动力，并最终离开了这一行业。

但是，这些迷茫的网红主播潜力股，在经历了系统、完整的学习，开始以认真的态度做直播后，效果很快就会呈现出来：第一周增粉5万，第二周进入主播排行榜，一个月后有商家主动找其洽谈商务合作……

这本书，是我将近年来演说、沟通的培训经验与直播相结合的结晶。演说与沟通的核心是永恒不变的，无论是在线上，还是在线下，沟通的核心都是人。一切沟通从心开始，主播要想做好直播，就要从心开始做好沟通。

我将我多年的经验与心得，都整理在这本书中，希望对新手主播、有一定经验的主播以及对直播感兴趣的读者都有所裨益。

成书时间紧张，精力有限，错误难免，希望读者见谅，热忱斧正！

郑清元

2020年3月

写在前面：如何完成一次高质量的直播

想要完成一次高质量的直播，并非那么难，如做一道美食、策划一场活动一样，有相应的模板可以参考。只要能够按下面的节奏做好每一个细节，你就会发现自己直播的效果会比其他主播好太多！

1. 做好直播前的准备

直播开始前，我们要做好以下这些准备工作，在心里熟悉直播流程与细节，这样就能够有效避免直播时无话可说、不知道如何互动的尴尬。

（1）确定直播基本信息。

我们要至少提前3天时间确认以下信息，如图1所示。

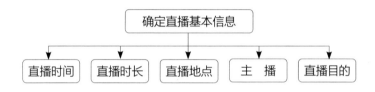

图1　确定直播基本信息

①直播时间。直播时间确认，如×月×日周四晚上8点开始。

②直播时长。设定直播时长，通常以2~3个小时为宜。

③直播地点。直播地点包括直播间平台与直播地点。确认在哪一家平台进行直播，如斗鱼、快手；并确认直播地点，如公司直播间、家中、×××步行街等。

④主播。确认主播信息。如果有多名主播或特别嘉宾，要确定每一个人的身份与特长。

⑤直播目的。确定直播目的，如本场直播是以唱歌为主，或是带货专场，据此进行准备。

这些信息确定后，不仅要给自己和直播团队列出计划表，还应在微博、微信群等平台进行信息发布，便于粉丝提前获知信息，等待直播。

（2）直播脚本设计。

对直播脚本进行设计，避免直播时陷入无话可说的境地。尽可能对脚本进行细化，直播时按照脚本推进。图2为直播脚本设计的基本要素。

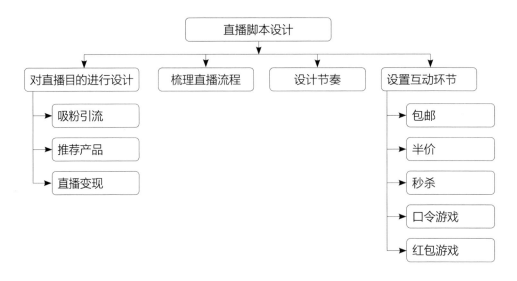

图 2　直播脚本设计的基本要素

①对直播目的进行设计。

A.吸粉引流。以吸粉引流为主的脚本，多侧重与粉丝互动，尽可能展示自己的特长，如口才、唱歌、舞蹈、游戏技能等。

B.推荐产品。以推荐产品为主的脚本，要注意对产品信息的收集与整理，重点在产品功能、口碑、品牌价值方面设计好脚本。

C.直播变现。以直播变现为主的脚本，要设计好销售语言，通过倒计时、红人榜等方式，刺激粉丝强烈的购买欲望。

②梳理直播流程。对直播流程进行规划，尽可能详细到每个时间段。如前5分钟热场、欢迎新粉丝，第20到50分钟进行才艺展示，第60到90分钟与粉丝互动等。

③设计节奏。对直播流程进行分析，预判哪些时间点会出现冷场、哪些时间点气氛会较为热烈，提前进行细节设置，通过针对性的技巧调节气氛。

④设置互动环节。设置互动环节的游戏，包括包邮、半价、秒杀、口令游戏、红包游戏等。不必追求在一次直播时全部使用，但一定要让互动产生火爆的效果。

（3）产品优势提炼。

对需要带货的产品，一定要提前做好功课，提炼其优势，并将相关关键词、数据等写在记事本上。

①品牌优势。分析产品品牌优势，尤其注意其在国际、行业、区域内的品牌价值。

②市场需求优势。分析市场需求优势，并据此进行相应的语言设计。

③生产技术优势。寻找产品的生产技术优势，如果使用了黑科技，则一定要将相关信息了解通透，作为重点卖点推荐。

④价格优势。粉丝非常关注价格，在与品牌方进行洽谈时，一定要争取到最低折扣，与市场价格相比要让人感到惊喜。

⑤产品本身优势。产品自身的优势，包括材质、获得的荣誉、实用性等。

⑥他山之石，可以攻玉：案例。如果产品已经在市场上赢得了消费者的信任，则应将相关案例进行整理。如京东、淘宝的用户评论，都是非常有用的。

（4）销售语言。

根据当天的销售目的和计划，提前进行销售语言的准备。

①"只有今天这次机会"：强调时间的紧迫。

②"额满为止"：强调名额的有限。

③"每周六8折"：让粉丝养成习惯，每周六观看直播。

④"因上新货，老货6折"：主动打折，让粉丝有"占便宜"的心理。

⑤"活动3天后结束"：让粉丝有时间传播，连续多天邀请好友进入直播间。

⑥"售完为止"：强化时间的紧迫。

⑦"优惠到8点"：设置时间点，让粉丝可以在集中时间段进入直播间制造声势。

⑧"只有10件"：渲染出"数量稀少、手慢则无"的氛围。

⑨"10分钟之内停止活动"：直播临近结束时设定截止时间，进一步强化粉丝的购买欲望。

（5）直播效果调试。

正式直播开始前，还要进行以下几个方面的调试。如果有助理或小组，则应进行团队作战，提升直播效果和效率。

①光线调整。确认环境光线，如果在室内，则应加强光照；如果在室外，则应避免阳光太过强烈或黑暗的环境。

②对焦和曝光调整。对相机、手机进行对焦和曝光调试，确认画面效果让人感到舒适。

③美颜设置。多选择几款美颜软件进行测试，确认最适合自己和环境的一款。

④横屏和公告设置。测试手机横屏观看效果，并提前将公告设置写好，开播时可以第一时间发布。

2.硬件设施筹备

我们可以根据经济条件、直播经验，准备不同层次的硬件设备。

（1）快速上手版。

对于新手主播，不妨采用快速上手版硬件设备。

①直播支架。选购手持或桌面支架，避免画面晃动。

②苹果手机。苹果手机系统稳定，同时支持的软件更多，所以尽可能选择苹果手机做直播。

（2）简约版。

对于稍有经验、有一定粉丝数的主播，可以选择简约版硬件设备。

①美光灯。如具备多色彩、柔光效果的环境灯，能够让主播的皮肤看起来更柔嫩，视觉效果更好。

②补光灯。在摄像头前配备补光灯，保证自己的脸上没有大块阴影。

（3）高配版。

对于直播经验丰富、粉丝数较多的主播，应选择高配版硬件设备。

①背景板。置于背后，上面可以有自己的卡通形象、带货品牌 Logo 等。

②声卡和麦克风。配备较为专业的网红声卡和麦克风，保证直播声音清晰，同时可以直接发送各种声音特效。

③微信二维码或胸牌。在主播台上，可以放置亚克力材质的微信二维码便于粉丝扫描，也可以佩戴胸牌，标明自己的身份。

3. 把控直播过程

正式开始直播后，我们要根据直播的具体状况，灵活调整直播方式。

（1）如何开场。

对于新主播来说，直播开场无人时，不妨多表演一些拿手的才艺，吸引"路人粉"的关注，避免长时间无人的尴尬。

（2）直播技巧。

直播间粉丝逐渐增长后，要做好以下几点。

①反复强调直播的目的。强调本次直播的目的，如为了吸粉，则强调"如果大家喜欢我可点击关注"；如果以带货为主，则强调"准备好拿起手机，链接马上放出"，强化粉丝的购买行为。

②即时互动，调节氛围。不时与粉丝进行互动，如口播粉丝 ID、口播打赏、语音连麦等。

③穿插介绍产品，避免冷场。不要无休止地介绍产品，避免粉丝感到商业氛围太浓，出现冷场。将产品介绍适时穿插在直播过程中，最后再进行销售。

（3）直播间的互动。

做好直播间的互动，不断点燃粉丝热情。

①根据设定的脚本，在特定环节中进行互动游戏。

②口令游戏。定时开启口令游戏，如 8 点、8 点半等，刺激粉丝热情。

③关键词截屏。邀请粉丝进行关键词截屏，截屏成功者可以获得奖励。

④抽奖免单。通过平台提供的抽奖系统开展游戏，获奖者可以免费获得当天的带货产品。

⑤电话连线。直接与粉丝电话、语音连线聊天，并进行直播。

⑥前十名扫码进群获福利。放出社群二维码，并制定前十名扫码进群可获得一定的福利的规则，刺激粉丝们加入社群的欲望。

（4）IP 锁定。

直播前期，我们的定位在不断调整；随着粉丝数量日益增加，尽可能锁定个人风格，让 IP 特点突出。主打幽默就不断深挖自身的喜剧特质，主打温柔就学习温暖人心的说话技巧。让粉丝对自己的印象越来越深，甚至可以给我们贴上标签，这样才能强化直播黏性。

4. 做一名有温度的主播

成功的主播，不仅可以按照流程完成直播，还能够在直播中植入个人特质，让自己变得更有温度、更打动人心。

（1）亲和力强。

提升自身的亲和力，能够与粉丝有效沟通，这样粉丝就愿意与我们交流，接受我们的建议。

（2）普通话标准。

可以适当用家乡话与粉丝互动，但为了让更多网友成为粉丝，一定要有一口标准的普通话，避免粉丝构成过于狭窄，粉丝上限过低。

（3）勇于展示自己。

敢于展示自己的特长，尤其是在粉丝们一致要求时。有时候出丑也是一种可爱，反而更会让粉丝觉得你是一个有趣的、真实的人。

（4）突发情况应对。

学习各种突发情况的应对方式，如气氛不佳、情绪失控、硬件事故等处理技巧。

（5）仪表形象干净整洁。

保证形象整洁，既不要过分华丽，也不要刻意邋遢，给人留下不好的第一印象。

（6）高情商直播间互动答疑。

注意自己的言行，礼貌、风趣地与粉丝互动，不可满嘴脏话、脾气火爆，总是陷入与粉丝的争论。

5. 重视直播后的细节

直播结束后，以下这些功课不能忽视。

（1）观看回放。

一定要观看直播回放，了解粉丝的变化趋势，为接下来的直播调整做参考。

（2）对标直播目的。

对标预计的直播目的，确认是否达到目标，分析目标未达到的原因，及时进行调整。

（3）直播复盘：扬长避短。

复盘整场直播，找到自己的不足点和闪光点，分别进行改正与加强，形成自己的风格。

（4）微博、社群、朋友圈粉丝维护。

直播结束后在微博、朋友圈与社群和粉丝们说"晚安"，并对他们进行赞美。

6.IP 打造

IP 的价值可以达到数千万，所以，一定要注意个人账号、名称和风格的设定，避免 IP 价值流失。

（1）头像设置。

头像尽可能用自己的照片或手绘个人卡通像，一定要避免用系统自带或从网上搜集的图片做头像，因为这样做一方面不能加深粉丝的印象，另一方面也容易引起版权纠纷。

（2）名称设置。

①名称要独一无二，避免与他人的名称混淆。

②文明用语，杜绝出现脏话。

③不要过长，五个字之内为宜，避免粉丝无法记忆。

（3）直播风格 + 带货。

强化自己的直播风格，并将带货融入风格之中。幽默型主播，介绍产品时可通过风趣的语言，甚至自黑的方式去介绍；电影分享型主播，可以将产品与电影场景结合……千篇一律地念广告词和产品说明书，怎么会让粉丝心动并接受你的推荐呢？

以上是一套完整的高质量直播模板，我们可以灵活套用与学习。当然，想要成为顶级直播网红，只会"套模板"是不够的。在直播的过程中要根据自己的特点进行调整，使直播更符合自己的习惯、粉丝的喜好，那么你就会成为下一个李佳琦！

综合上述，我做了一个直播的思维导图，如图 3 所示，希望能够帮助读者梳理好直播流程，真正成长为高手主播！

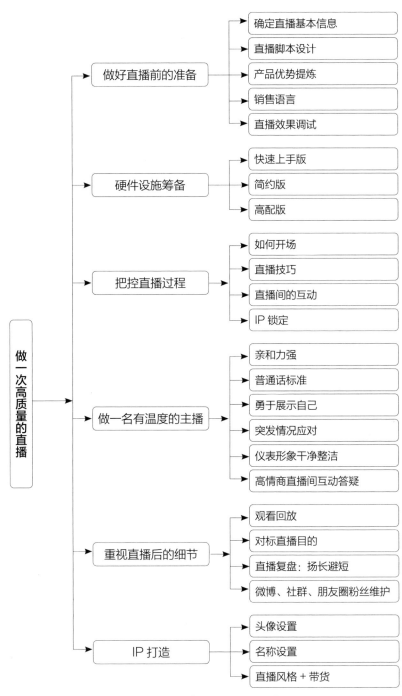

图 3　高质量直播思维导图

前言：你，是否能成为下一个李佳琦？

自序：想要成为网红主播，并不是那么简单

写在前面：如何完成一次高质量的直播

Part1　做高手主播的8个要素，你不能不知

01　名正则言顺，先给自己起个好名字 / 2

02　无"颜值"成不了高手主播 / 4

03　"三固"原则：固定时间、固定形象、固定特色 / 7

04　懂运营才有可能成为热门主播 / 9

05　做好直播规划，粉丝才可能留存 / 11

06　高手主播必备的11个习惯 / 13

07　粉丝社群才是主播的强大支撑 / 15

08　细节，细节，还是细节 / 18

Part2　一切沟通，从心开始

01　真诚心：诚心是打开心门的钥匙 / 24

02　平常心：不怕比较，不怕批评，不怕否定 / 26

03　娱乐心：娱乐中也能干出大事 / 29

04　含蓄心：直播中切忌指手画脚 / 32

05　尊重心：每位粉丝都值得被尊重 / 35

06　宽容心：直播间里要宽容 / 38

07　合作心：粉丝都是你的合作伙伴 / 41

08　正念心：心怀正念，才能走得长远 / 46

XV

Part3　主播开场，从合理调动气氛开始

01　从自己聊起，吹拉弹唱都可以 / 50

02　卖萌撒娇惹人爱，把持不住"开守护" / 52

03　逗乐搞笑热场，营造欢乐气氛 / 55

04　预报直播内容，让粉丝留下来 / 59

05　点名粉丝，引发好奇 / 62

06　主播开场金句集锦 / 64

Part4　聋子旁边不说聋，跛子旁边不说跛

01　上什么山唱什么歌，在什么直播间说什么话 / 68

02　巧妙避开敏感话题，顾左右而言他 / 70

03　轻易不要对粉丝说"你错了" / 72

04　如何让粉丝觉得主播的想法就是他自己的想法 / 75

05　不与人争辩，事情没有绝对 / 78

Part5　让主播处处受欢迎的8个沟通习惯

01　微笑：笑是说服人心的核武器 / 82

02　赞美：恰当赞美并温暖粉丝的8个方法 / 85

03　幽默：幽默一下，融洽自在 / 89

04　提问：问出粉丝的渴望时，直播就成功了一半 / 92

05　互动：时刻记得与粉丝互动起来 / 95

06　故事：不讲故事的主播不是好主播 / 98

07　情愫：建立属于自己的"感动金库" / 101

08　画面：除了展示，还要给粉丝想象的画面感 / 105

Part6　高手主播的6项修炼

01　不要在直播间让粉丝难堪 / 110

02　主播犯了错，要勇于承认 / 112

03　形成自己的沟通风格 / 115

04 鼓励粉丝多说话，多互动 / 118

05 引导粉丝多做肯定的回答 / 121

06 可以随口说出重点粉丝的名字 / 123

Part7　高手主播的声调、语速修炼

01 主播的语音修炼 / 126

02 主播的音量控制 / 129

03 主播的语速修炼 / 131

04 主播的语调和语法修炼 / 134

05 主播的嗓音修炼 / 138

06 主播的发声修炼 / 140

Part8　高手主播说话风格与个性打造

01 主播说话风格的类型 / 146

02 主播说话风格完善的6个技巧 / 148

03 主播如何培养自己的说话风格 / 151

04 主播如何打造自己的个性化标签 / 154

05 积极倾听粉丝，不敷衍 / 156

06 懂得分析，听出粉丝的言外之意 / 158

07 如何让粉丝有被尊重的感觉 / 159

Part9　高手主播如何随机应变与救场

01 直播遇到失误时怎么办 / 164

02 粉丝起哄不配合怎么办 / 166

03 直播气氛一直无法引爆怎么办 / 168

04 身体出现异常后如何补救 / 171

05 粉丝提出无理要求怎么应对 / 173

06 直播时情绪失控后如何补救 / 176

07 直播时设备出现故障后如何处理 / 178

08 高手主播道歉的6个技巧 / 179

Part10　快速提升沟通效率的45个技巧

01 如何细致观察，沟通先看透的6个技巧 / 184

02 说好"称呼语""敬语""客套话"的3个技巧 / 186

03 与不同性格的粉丝沟通时的10个技巧 / 188

04 与不同脾气的粉丝沟通时的9个技巧 / 191

05 与不同年龄的粉丝沟通时的3个技巧 / 194

06 与异性粉丝沟通时的5个技巧 / 196

07 与名人大咖沟通时的4个技巧 / 199

08 能说会道，说话滴水不漏的5个技巧 / 201

Part11　高手主播如何销讲与促成成交

01 直播主播销讲的9个逻辑 / 206

02 高手主播从不销售产品，只帮助粉丝解决问题 / 209

03 高手主播能成交的8个潜意识 / 211

04 如何讲好一个能辅助成交的故事 / 214

05 如何让粉丝感到"饥饿"，对你的产品欲罢不能 / 216

06 直播间促成成交的5个细节 / 218

Part12　高手主播爆红的运营与营销技巧

01 直播账号全方位打造的5个技巧 / 222

02 粉丝获取与留存的8个技巧 / 224

03 高手主播的内容规划与打造技巧 / 227

04 主播选择MCN机构的4个技巧 / 229

05 粉丝社群构建与运营技巧 / 232

06 主播个人品牌打造与形象塑造策略 / 234

后记 / 237

附：联合出书人名单 / 238

Part1

做高手主播的 8 个要素,你不能不知

很多主播在入行时总是有这样的顾虑:现在主播那么多,我还能做大吗?我没钱、没颜值,可以成为高手主播吗?但这样的顾虑其实并无必要。任何行业都有竞争,而在直播圈,钱、颜值也并非最重要的竞争要素。想在直播圈成为网红,主播就必须掌握做高手主播的 8 个要素。否则,即使有钱、有颜值,即使一时有些成绩,最终也会被行业所淘汰。

01　名正则言顺，先给自己起个好名字

冯提莫、嗨氏、阿冷、张大仙、骚白……这些有一定风格的主播的名字，总是能够轻易印入我们的脑海。这就是一个好名字的作用。

相反地，如"645132186""dfgsdsf"这样的名字，只会给粉丝留下"数字君""字母娘"的印象。从主播的角度来看则更好理解，如果我们的粉丝用了这样的昵称，我们大概也只会将其看作一个"过客"，即使对方送了份礼物，我们的感谢都不知该如何说起——"感谢645132186送的游艇！"

名正则言顺，要做高手主播，就要从起个好名字开始。在搞清楚什么是好名字之前，我们要知道什么是坏名字。

1. 符号多且长的名字

有些主播的名字不仅过长，甚至夹杂着各种字符、符号、表情，如"起点De希望JOVIゞ(◕ฺ∇◕ฺ)ノ゙"这样的名字，不仅不好看，而且也不会有粉丝想要记住，甚至会显得俗气、引起粉丝反感。

2. 大众化的名字

在踏上主播之路之前，很多主播都会先患上"取名困难症"，于是，很多主播会选择在百度搜索"主播名字大全"，然后从中挑选出心仪的名字。但这样取出的名字，不可避免地会显得大众化，比如某直播平台上的"呆小萌"就

超过 9999 个。

3. 生僻拗口的名字

为了避免大众化，让自己的名字从众多主播中脱颖而出，有些主播则故意使用生僻字，或是起个拗口的名字，如"By 十贰""C× 小円"。生僻拗口的名字不仅难念，同时还会影响主播的名气。

在躲开了坏名字的陷阱之后，我们才能开始起个好名字。

1. 符合主播风格

主播的名字首先要符合自身的风格。不同风格类型的主播，可以选择不同类型的名字，如展现才艺的"爱跳舞的小骨酱"或表现气质的"呆妹儿小霸王"。用名字表现出气质，路人粉也能第一时间明白主播的风格，进而被吸引进直播间。

2. 简单好记且新颖

主播的名字切忌过长或复杂，最好是朗朗上口、好读好记的名字，这样粉丝也能第一时间记住主播的名字。在简单好记的名字中，主播还要赋予名字一定的新意，比如"走夜路的旭宝有点害怕"。

表 1-1 为主播名字举例，大家可以适当借鉴。

表 1-1 主播名字举例

序号	主播名字	名字分析
1	一身仙气丨带货王	一身仙气这个名字很有吸引力，特别是对喜欢仙女风格的粉丝来说，后面再加上主播的努力方向，让人印象深刻又一目了然
2	甜小兔	这个名字比较适合甜美、可爱的主播，适合那些做文艺产品、服装、日系风格产品的主播
3	性感小腿毛	这个名字给人以强烈的反差，性感一般用来形容女性，而带上小腿毛，就会让人忍俊不禁，产生好奇心。当然如果再加上后缀，说明主播的方向，会让人更一目了然

（续表）

序号	主播名字	名字分析
4	小西装的格调	这个名字直接说出了主播的主攻方向，名字也很好听，给人以遐想
5	郑清元~赋能直播带货	这是我直播时用的名字。我比较喜欢先说出自己的名字，再说出自己要做的事情。这样的名字能给人明确、直接、可信赖的感觉
6	商标先生	这是一位专注于商业起名、商标注册的主播的直播间名字。看上去直截了当，让人一眼就明白主播是做什么的
……	……	……

02　无"颜值"成不了高手主播

"我长相一般，有机会成为高手主播吗？"这是很多新手主播容易产生的疑问。我的答案是：无"颜值"成不了高手主播。

那么，低颜值主播是不是只能去做整形了呢？别急，我答案里的"颜值"之所以加上引号，就是因为这里的颜值并非只是指长相，而是指由摄像头、直播间、主播等各种要素共同构成的超强表现力。

与长相一般的主播相比，很多高颜值的主播容易陷入颜值误区，误以为："我颜值高就是资本，哪怕我什么都不做，粉丝也该追着我跑。"但现实却是，不仅没有粉丝追着跑，甚至没有多少粉丝愿意搭理他们。

在走上主播之路时，我们必须明白一个道理：美丽的人儿千千万，你能美过明星花旦？但是，美丽的定义却有千千万，我们可构建出专属自己的"美颜"。

1. 尊重粉丝审美

高手主播虽不一定需要高颜值，但这并不意味着我们可以蓬头垢面地与粉丝见面。那是对粉丝的不尊重，也是对自己的不尊重。我们必须尽量提升自己的颜值，以表达对粉丝的尊重。图1-1，为尊重粉丝审美的方法。

图1-1 尊重粉丝审美的方法

①选择摄像头。一个好的摄像头，能够更好地展现主播的颜值，让视频质量更高清且稳定。主播应当在可承担的经济范围内，选择尽可能好的摄像头。

②学习化妆。化妆能够有效改善主播颜值，无论是男主播还是女主播，都应该学习化妆，以提高自身颜值及精神面貌。

当主播因为熬夜双眼红肿、眼袋鼓起时，就会显得无精打采，此时，主播可以用冷毛巾和热毛巾交替敷在双眼上10分钟，就可以让双眼恢复精神。更进一步，主播也可以尝试用黑色眼线笔描画眼线，使眼睛显得更大、更有神采。

③学习穿搭。化妆可以改善面容，穿搭则可以展现气质，也可以遮掩身材缺陷。

2. 保持正面情绪

现实生活的压力已经很大，粉丝又怎么会爱在闲暇时看愁眉苦脸的主播呢？粉丝关注主播的一个核心诉求就是放松心情，而主播则要扮演一个轻松快乐的角色，让粉丝可以卸下心灵的负担。

无论如何，即使直播间里只有一个粉丝，主播也应保持正面情绪，做一个称职的表演者。

当然，主播也可以有自己的负面情绪，但要切记：偶尔一次的哭泣、发火，可能为你带来同情，但长期有负面情绪的主播是不可能发展长久的。

3. 有素质、有涵养

主播切忌骂人，更不要脏话连篇。如果遇到实在承受不了的情况，哭泣是比发火更好的选择。因为发火不仅无法证明你的强大，反而会引起粉丝围观，甚至会被看作"泼妇"，此时，原有的粉丝也可能离你而去。

4. 维护亲和力

相比"颜值即是正义"，其实亲和力才更胜一筹。冰山美人只会让人敬而远之，邻家小妹才会让人更想亲近。也只有当粉丝愿意与主播互动时，主播才有机会让他们认识到你的专属美丽。主播时刻要谨记亲和力的重要性，并借助直播时的一举一动展现自己的亲和力。

即使有人说不好的话，如长得丑、唱歌难听、跳舞难看等，主播也应当做出妥善应对，而不是直接回击或置之不理。前者会损害主播的形象，后者则会让主播失去表现的机会。

这些时刻，其实更应该是主播突出自身特质的机会，如幽默回应、卖萌装傻、委屈可怜，都能让你的"颜值"更加丰富立体，从而赢得粉丝的认可。

03 "三固"原则：固定时间、固定形象、固定特色

在很多人看来，主播是一份自由职业，只要打开摄像头就能挣钱；甚至有些人自认为是兼职做直播，所以想怎么播就怎么播、想什么时候播就什么时候播……我遇到过很多这样的主播，而他们的直播事业无一例外地没什么起色。

其实，能够成为网红的主播，都应当是一位勤劳的演员。他们如黄金档的电视剧主角一般，每天准时出现在屏幕上，并时刻处于表演状态，向观众展现那个设计好的角色。

主播是一份新兴职业，但这份职业也如演员一般，虽有着光鲜亮丽的外表，但背后却要付出相当的努力。而"三固"原则就是每位主播都应当练习的基本功。

1. 固定时间

固定时间是对主播的基本要求，主播应当将直播时间固定下来，让粉丝知道什么时候可以看到你的表演。因此，选择一个合适的直播时间就成为主播必须面对的难题。

我们选择了怎样的直播时间，就等于选择了怎样的粉丝群体，也就选择了怎样的竞争环境。这是因为每个粉丝都有相对固定的作息时间，他们看直播的时间同样相对固定。

与早间档（5:00-10:00）、午间档（13:00-17:00）相比，晚间档（19:00-24:00）的竞争则更加激烈——因为晚间档是大多数粉丝的休息时间，

也是大主播们相互厮杀的战场；而中小主播大多只能退而求其次，选择午间档；新人主播则可以在早间档锻炼成长、积累粉丝。

2. 固定形象

形象是主播吸引粉丝的第一道门槛。主播的形象，不仅是指主播的外貌，还包括主播的声音、表情、眼神、才艺，甚至直播间的布置、背景歌曲等各类要素。观众进入直播间能够看到的所有要素，共同构成了主播的形象特征。

当然，固定形象并不意味着种种要素一成不变，而是要维持一个统一的风格，也就是所谓的"人设"。

新人主播尤其要注意的是，即使直播间只有寥寥几位观众，我们也要坚守自己的形象，切忌因一时懈怠，导致人设崩塌。

3. 固定特色

特色是由直播时间、形象共同构成的一种特质，如才艺、搞笑、萌妹、高冷等。特色是主播留住粉丝的关键要素。

要知道，身材好、形象佳的主播比比皆是，而特色则能帮助主播从中脱颖而出。

新人主播在从业之初一般很难找到自己的特色，此时，我们可以加入直播公会，和公会多多沟通，根据自身的形象、性格、才艺等定制适合自己的特色。在直播的过程中，我们也需要根据观众反馈不断调整特色。

这个过程可能十分漫长，需要半个月乃至 3 个月的时间，但这却是从事主播事业的基础工作。一旦主播找到属于自己的特色，就一定要维持住这种特色，从而将观众转化为粉丝、将粉丝转化为忠诚粉丝。

04　懂运营才有可能成为热门主播

在固定的时间以固定的形象展现固定的特色，就能让新人主播逐渐积累下一批忠实粉丝，有了一段时间的历练和忠实粉丝的支持，主播就会对直播更加熟练，能够自然地"比心"感谢、飞吻……

当新人主播逐渐成长为中小主播时，怎么做才能成为热门主播呢？这就需要主播懂得运营的技巧，借助用户运营、渠道运营等手段成为热门主播。

1. 用户运营

用户是主播的群众基础，只有当主播吸引到足够多的游客，并转化出足够多的粉丝时，主播才有可能成为热门主播。

主播要怎么维护用户？怎么吸引游客、留存粉丝，乃至付费转化？这就是用户运营要解决的问题。

①**拉新**。不同的直播平台有不同的拉新方式，但主要都是靠资源驱动，也就是参与官方活动或刷礼物，来获取曝光量和推荐比重。在有些平台，主播也可以依靠平台小游戏主动触及用户来拉新，比如陌陌的狼人杀游戏。

②**留存**。想要留存粉丝，主播不仅要做好直播内容，还要做好社群维护，如微信粉丝群等，主播可以在非开播时间选择其他方式和粉丝保持互动，或是将直播里的歌曲做成"悦享版"分享给粉丝。

③**付费转化**。很多主播将付费转化作为终极目标，因此，如何优雅地获得

礼物，就成为主播的生存必备功能。

2. 渠道运营

所谓渠道运营，就是主播利用一切可利用的资源和流量，为自己带来曝光。一般直播平台就有这种增加曝光的渠道，此外，主播也可以通过微博、微信等渠道积累粉丝，并将他们引流到直播间里。

相反地，主播也可以将直播间粉丝引流到微博、微信等平台，增加非开播时间的互动，从而留存住粉丝。

渠道运营需要主播拥有一定的资源基础，如果缺乏相应资源，则可以加入可靠的公会，寻求公会的支持。但如果是新人主播，我建议还是先试着适应环境，等稍有成绩再向热门主播冲刺。

3. 主播成长期

用户运营和渠道运营是主播运营的主要手段，但主播也要认清不同成长期的运营重点，如表1-2所示。

表1-2　主播不同成长时期的运营重点

阶段	时间期限	运营重点
新手期	1～5天	新手期的主播应该先熟悉环境，研究清楚直播平台的各种功能，尝试布置直播间环境，或是左上角挂上"首次直播、多多关照"的字幕
习惯期	6～10天	习惯期的主播开始学会与粉丝互动，有了固定的直播时间、形象和特色，也能够积累一些忠实粉丝，留住忠实粉丝是该阶段的运营重点
加速期	10～18天	加速期的主播可以尝试更多的直播形式，充分展现主播的个人特色，该阶段的运营重点仍是粉丝留存
调整期	18～90天	调整期是主播发展的瓶颈期，在该阶段，主播既要维护已有的忠实粉丝，提升自己的直播技巧，还要积累渠道资源，为后期的爆发做准备
成型期	90天以上	能够坚持3个月做直播而不被淘汰的主播，已经具备成为热门主播的潜质。此时，主播就可以借助之前积累的粉丝和渠道资源，寻求爆发并成为热门主播的契机

05　做好直播规划，粉丝才可能留存

　　我遇到过一个主播，她经过两个月的努力，成功找到一位十分支持她的忠实粉丝，因为忠实粉丝的支持，她在直播时能够随心所欲地展现自己的特质，也可以毫不犹豫地与其他主播较量，在圈子里也算小有名气。但后来有一天，这位忠实粉丝突然离开了，失去了这位忠实粉丝的支持，这位主播不仅不敢与人较量，甚至不敢说话，直播也变得无趣，粉丝越来越少，她也失去了直播的热情……

　　其实这位主播犯的错误在直播圈里很常见：粉丝不断流失，但主播仍没理解直播到底是什么。

　　直播是什么？主播的责任又是什么？归根结底，主播的责任是成为一名内容生产者，只有主播生产的内容有效，才能激发观众的兴趣乃至欲望，从而将观众转化为粉丝，再将粉丝转化为铁粉，并获得粉丝的打赏，或是完成带货的任务。

　　一个"土豪粉丝"虽然能够使主播一时衣食无忧，但当主播完全依赖某个忠实粉丝时，也就是将自己的职业生涯交到了忠实粉丝手里，一旦忠实粉丝对主播失去兴趣，这位主播也就失去了一切。

　　主播的工作其实并非简单地坐在镜头前聊天、唱歌，要将粉丝留存下来，主播就要做好直播规划。

1. 内容规划

主播的责任就是生产内容。直播的内容规划要从直播封面开始，更关键的则是直播的内容安排，在这 1~3 小时的直播中，开场白怎么讲、每个时点安排什么节目、直播流程怎么推进、结束语怎么讲……这些问题就是内容规划的重点。

如果主播不做好直播的内容规划，就很可能因为观众太多或太少，导致直播内容出现极大偏差。比如主播有时会和几个铁粉一直聊个通宵，有时没有话题了就很快关掉直播，这样一来，粉丝的体验就很差。

内容规划看起来复杂，但其中也有"套路"。很多优质主播都会把自己的直播做成一档小剧场，用唱歌跳舞、话题讨论、游戏互动、维系关系、连麦较量串联成一个相对固定的节目流程。

2. 活动规划

不定期地举办一些特别的活动，能让粉丝感到极大的新意；优质的活动，则能引爆直播间的流量。有些主播对活动规划并不热衷，只是偶尔参与平台推出的节日活动，但相比来看，主播自己策划的活动更能赢得粉丝捧场。

除了常规的节日活动之外，主播也可以设定自己的直播纪念日，如每年的 6 月 6 日晚 6 点，喊上铁粉一起狂欢。

3. 品牌规划

品牌规划是营销的重要内容，很多主播对此却并不重视。简单来说，主播的品牌就是其直播的特色，这种特色要贯穿主播生产的所有内容，如封面、直播间布置、直播话题、粉丝群等，甚至如铁粉的统一马甲，都能展现出主播的特色。

随着这些内容的不断传播与沉淀，这种特色也将成为主播的品牌，帮助主播留存粉丝。

06　高手主播必备的 11 个习惯

有两位主播都会唱歌跳舞，长相也不分伯仲，但为何一位只是小主播，另一位却能成为大主播呢？后者的秘诀往往就藏在他们不为人所注意的小习惯里。

想要成为高手主播，主播就必须养成 11 个习惯，并将之融入自己的直播当中。

1. 嘴甜

嘴甜的主播，能更容易地拉近与粉丝的距离。主播要习惯嘴甜，把各种亲切的称呼或有趣的称谓挂在嘴边，如"潇潇哥哥""旭旭宝宝"等。

2. 主动

不熟的粉丝通常不会主动与主播互动，主播却要习惯主动和粉丝打招呼，主动向新粉丝介绍自己，主动寻找和粉丝的共同话题，快速建立起和粉丝的联系。

3. 自信

在摄像头前的主播，应当如开屏的孔雀一般自信，敢于展现自己的气质，用积极阳光、青春洋溢的形象感染粉丝。切忌垂头丧气、弯腰驼背。

4. 感恩

即使游客只是聊天，从不送礼物，主播也要表示感恩。因为每位主播的成长都离不开粉丝的积累，而当粉丝积累到一定数量时，礼物自然不愁。

5. 坚持

直播往往并没有想象中那么容易，主播一定要习惯坚持，坚持嘴甜、坚持主动、坚持感恩……在日复一日的坚持中提升直播技巧、积累粉丝。

6. 形象

每一场直播前，主播都要做好化妆、服装搭配等工作，设计好背景和视频效果，这些都是直播前的基础工作。习惯维护自己的形象，才能给粉丝留下良好的印象。

7. 生活

为了在直播中展现出最好的状态，主播在生活中也要养成良好的作息习惯，并做好日程安排，避免因熬夜影响直播状态，或因琐事影响直播时间。

8. 分析

分析直播内容、分析粉丝、分析渠道，习惯分析数据的主播，才能根据直播效果准确抓住粉丝需求，并快速调整直播规划，避免一成不变的直播内容使粉丝厌倦。

9. 用心

用心记录游客和粉丝的信息，抓住他们的好恶和需求，能够帮助主播更深入地了解粉丝，让互动能够体现更多细节。主播甚至可以就此定制与每位粉丝的互动方式，让粉丝有被关怀的感觉。

10. 互动

主播与粉丝的互动，并不是简单地"么么哒"、送礼物，而是要在任何环节都加入互动，即使只有一个眼神、一个手势，都能让粉丝感受到自己的存在。一个自娱自乐的主播，只会让粉丝感到无趣。

11. 沟通

沟通是直播中的关键习惯。缺乏有效的沟通,主播就难以获悉粉丝的需求,也难以获得粉丝的反馈。通过沟通,主播才能知道自己的直播内容是否需要改善、直播风格是否需要调整。

07　粉丝社群才是主播的强大支撑

每位主播都知道要建立粉丝社群,但很多主播建了粉丝社群之后,却懒得维护,最后抱怨粉丝社群浪费时间、毫无作用。

要知道,直播间里的相遇终归是萍水相逢,即使粉丝每天都来直播间,但粉丝和主播却很难建立起稳固的联系。哪天粉丝看到另一位感兴趣的主播,很快就会忘记眼前这位主播。

主播说粉丝喜新厌旧,粉丝却说主播无法接近。

实际上,即使主播的表演再卖力,粉丝也不会轻易为一位主播付出太多精力或资源。

因此,很多主播都会感叹,每过一阵,就会有一批新粉丝,老粉丝就不再活跃了。之所以出现这种情况,就是因为主播不会维护粉丝社群。

其实,粉丝社群才是主播的强大支撑。那么,主播该如何维护粉丝社群呢?

1. 建立微信群

主播在维护粉丝社群时,首先就要建立微信群。在最初阶段,主播最好不要刻意筛选加入微信群的粉丝。微信群就是粉丝社群运营的大本营,当粉丝被吸收进微信群中时,他们的归属感也会提升。

任何想加入微信群的粉丝,主播都可以邀请他们加入,这样微信群的规模才能变大,群内才不会没有话题,粉丝们自己就能聊得热火朝天。

2. 建立专属粉丝社群

最初建立的微信群可能会鱼龙混杂,主播可以先观察几天,与粉丝在群里相互熟悉,并在这一过程中筛选出符合要求的粉丝,建立专属粉丝群,这个群才是支撑主播发展的基础。

建立好粉丝社群之后,主播也不要对最初的微信群掉以轻心。只要他们还对主播感兴趣,主播就能引导他们观看主播、参与互动。

3. 维护粉丝社群

建立起粉丝社群之后,主播同样要做好日常的维护。

①引导群内话题。主播要做好群内话题的引导,尽量将话题向主播的特色引导,比如才艺主播就可以多分享自己的才艺生活,脱口秀主播则可以多和粉丝聊天。

②保持神秘感。即使同处粉丝社群里,主播在与粉丝加强联系的时候,也要注意保持神秘感,切忌因为过于热情使粉丝对主播失去兴趣。

③形成粉丝团。主播需要一个强大粉丝团的守护。因此,主播在维护粉丝社群时,要引导粉丝相互熟悉,形成一个以主播为核心的团体。

4. 完善社群系统

随着主播越做越大,粉丝社群的规模也在不断扩大。此时,粉丝社群就不能只靠主播自己来运营了,主播需要构建起自己的粉丝社群系统,甚至投入营销、客服、技术等各种力量,在提升粉丝体验的同时,处理各种可能发生的问题。

而当粉丝的规模达到一定量级时,主播仅凭自己的小团队,已经很难进行有效维护。此时,主播就要筛选出自己的核心粉丝,与他们进行较为深入的沟通交流,并鼓励他们成为粉丝团的"小团长",独自建群、吸粉,帮助主播进行辐射管理。

5. 给粉丝不一样的身份

粉丝社群是主播的强大支撑,要维护自己的粉丝社群,主播就要给粉丝不一样的身份,如图1-2所示。

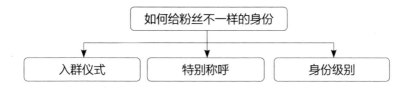

图1-2　如何给粉丝不一样的身份

①入群仪式。让粉丝获得社群归属感,从进入社群的第一时间就可以开始。为了尽快扩大社群规模,主播无须设定过高的入群门槛,关注即可入群。但却需要设定一个特别的入群仪式,比如入群必须发一张最喜欢的美女图(主播也可以借此了解粉丝的偏好)。

②特别称呼。社群中的粉丝应当拥有特别的称呼,比如"咩咩羊的守护团",让社群粉丝感受到自己的特别,才能让他们对社群有更强的归属感,进而为主播做出更大的贡献。

③身份级别。随着粉丝社群规模的不断扩大,主播也可以引入等级体系,比如"团长-兵长-精英-团员"。

08　细节,细节,还是细节

你知道粉丝为什么会被主播打动,又为什么会打赏主播吗?有人说是因为感到快乐,有人说是因为主播的魅力,也有人说是因为有钱任性……其实,主播打动粉丝的关键就是细节。

在长达3个小时的直播里,主播永远不知道摄像头对面的粉丝的关注点是什么。是看主播的美颜,听主播的歌喉,还是欣赏背景的布置,或只是喜欢背景音乐?

当主播无法抓住每位粉丝的痛点时,主播要做的就是做好每个细节——这也是做高手主播的核心要素。

很多新人主播羡慕大主播的状态"很稳",他们能够稳住直播间的秘诀,就是掌控住了直播的每个细节,在直播前做好准备和布置,在直播时知道在什么时候该做什么事,也知道如何吸引粉丝的关注。

比如较量时的气势、哼歌时的表情、唠嗑时的话题,大主播的各种细节都能让粉丝感到舒服,但很多小主播就只是"看人做事",对粉丝提出的话题不感兴趣就爱答不理,看直播的人少就沉着脸。

主播在直播时必须注重细节,尤其是以下6个细节。

1. 礼貌

礼貌是主播必须关注的细节之一。无论是向铁粉打招呼,还是向新粉丝表示欢迎，或是对送礼物的粉丝表示感谢……这些都是主播需要做好的礼貌细节。一位有礼貌的主播会让粉丝身心愉悦，也会让游客愿意留在直播间观望一下。

试问，当一位游客刚刚点进直播间，就被主播点名表示欢迎时，这位游客会不会多驻足一会？答案当然是肯定的。

有礼貌能够给人留下非常好的第一印象，哪怕游客因此只多观看了5分钟，主播也有了5分钟将其转化为粉丝的机会。

收到礼物时，说声"谢谢大哥"或是比心"么么哒"；粉丝点歌时，说声"感谢这位粉丝，这首歌特别为你献上"；粉丝夸赞时，说声"谢谢，我会更努力的"……主播可以通过这些细节展现礼貌。

某主播曾经坦言，我只有观众，没有粉丝。这话说得很没有架子，不像一位超级流量大主播，但该主播越是这样尊重观众，观众越是愿意成为他的"小迷妹"。说话有礼貌，玩游戏尊重队友，这些细节都能展现主播的礼貌，也能帮助该主播成为高手主播。

2.衣品

所谓"衣品见人品"。在直播间里，主播的穿着打扮就能透露他的个人涵养、生活方式、价值偏好……

衣品是主播展现给观众的第一形象，但这也是很多主播容易忽视的细节。

夜店风格能够展现主播身材、美貌，但却并不适合文艺风主播；大牌货看起来低调奢华，但搭配不好却可能变成地摊风；有些大叔穿睡衣会有反差萌，有些大叔穿睡衣则会让人感到不适……

有些主播一开始很难找到适合自己形象和特色的衣服，此时，建议主播可以先模仿与自己风格相似的大主播的穿搭，等找到搭配的感觉之后，再慢慢调整，探索出适合自己的衣着风格。必要时，主播也可以邀请专业人士进行指导。

3. 说话风格

和粉丝聊天是一门艺术。一句话在不同的主播口中，却能给人完全不同的感觉。比如某主播的口头禅"皮皮猪，我们走"，粉丝听了反而很高兴。

每位主播都有自己的说话风格，比如有趣、有逻辑，或思维方式、价值理念与粉丝契合。

主播说话一定要有自己的风格，并维持住这种风格。"美得千篇一律，不如丑得各有千秋"，更有风格的主播，才更容易被挖掘、被记住。

4. 情绪饱满

虽然主播也有情绪低落的时候，但在直播期间，却一定要做到情绪饱满，将合适的情绪注入自己的直播当中。

以秀场主播为例，一位主播全场搔首弄姿，但却完全没有与粉丝互动，好像一部跳舞机器；而另一位主播跳一会热舞，就和粉丝比个心、卖个萌、撒个娇。显然后者更能引起粉丝的共鸣。

观众通常都是为了在观看直播时释放一种情绪，他们或是无聊，或是开心，或是抑郁……这时谁能帮观众做好情绪疏导，成为他们情绪释放的出口，谁就能将观众转化为粉丝。

5. 记住粉丝

随着主播的粉丝不断增加，直播间的弹幕往往令人目不暇接，主播会来不及看每一条弹幕，以及无法一一感谢送了礼物的粉丝，这时就更不要说记住粉丝名字了。

但神奇的是，那些大主播却都有记住粉丝的本事。他们不仅能见缝插针地与粉丝互动，还能记住粉丝的小习惯。这位小哥哥不吃香菜，那位大哥爱听张学友的歌，这位美女每周都要吃小龙虾……当主播能够说出这样的细节，粉丝的热情也会被引爆。

而要做到这一点，主播就要在日常直播时做好记录，熟悉铁粉的好恶及习惯，在直播间帮助粉丝展示存在感，是表示尊重的最佳方式。

6. 随手分享

主播不要只顾着在直播间做直播，更要养成随手分享的习惯，让更多的人能看见你。

平时无论是发微博、朋友圈，还是在其他社交平台互动，主播都可以把自己的直播链接分享出去，这样才能最大可能地吸收潜在粉丝。为此，主播也可以号召粉丝帮忙一起宣传、分享。

这样一来，我们就有更多的游客资源，而当这些游客进入直播间之后，主播就能凭借自己的直播才艺征服游客，将他们转化为粉丝。

Part2

一切沟通，从心开始

一切沟通，都应当从心开始。直播圈的很多负面消息，其实都是因为有些主播太专注于"套路"，而丢掉了一颗真心。但我们去看那些大主播、高手主播的直播，却很少看到所谓的套路。因为，真正的主播，应当从心开始，与粉丝互动交流，尊重、包容粉丝，让直播间成为主播与粉丝共同的娱乐空间。

01 真诚心：诚心是打开心门的钥匙

"没有任何道路能通往真诚，因为真诚本就是通往一切的道路。"

不少人将网络看作一个虚拟世界，但在直播间里，每天数小时的相处，那嬉笑间的点点滴滴，又是多么真实的存在。当主播在直播间里传递出真实的情感时，粉丝在虚拟世界也会感受到真诚。

很多新人主播刚刚积累下一点粉丝，就开始迫不及待地学习直播"套路"。在他们看来，有了流量就要套现，想要套现就要玩"套路"。因此，很多主播公会都有自己整理的"套路秘籍"，教导主播怎么吸粉、怎么转化、怎么套现。

然而，一切沟通，都要从心开始。真诚才是最好的"套路"，诚心才能打开粉丝的心门。与其哄着粉丝关注、送礼，不如向他们展现最真实的自己。

1. 我是以直播为生

主播可以将直播理解为线上的职业，坦诚地告诉粉丝："我是以直播为生。"

街头卖艺的一个典型场景就是：人来人往的街口，一位街头艺人抱着吉他独自弹唱，无论他唱的是否动听，总有人会上前打赏。

为什么呢？因为观众们知道，这位街头艺人是以此为生，是大家的打赏维持着他每天的吃喝用度。正是因为这份坦诚，街头艺人无须搔首弄姿，只需静静地弹着吉他、唱着歌，展示自己的才能，就能吸引观众上前打赏。

作为全职主播，面对那些来来往往的游客或粉丝，主播无须套路他们去送礼，只需让他们明白："我是以直播为生。你可以选择免费观看，但你的关注，将会给我很大的支持；你的消费，则是我重要的收入来源。"

这样的坦诚会激发粉丝去关注，甚至是激活他们的打赏心理。

2. 坦诚自己的个性

每位主播都有自己的个性，这种个性是主播吸引粉丝的重要特质，但如果粉丝不了解主播的个性，就可能会按照"行业惯例"来要求主播，使很多主播陷入迷惑：是跟风改变风格，还是坚持个性？

与其常为此忧虑，主播不妨直接向粉丝坦诚自己的个性，让粉丝了解自己的风格，成为直播圈里特别的那一个。

当然，每个人在扮演不同角色时，都有不同的个性。在扮演主播这个角色时，我们同样要做好选择。

①**风格属性**。直播圈热门的主播各有各的风格，主播无须为此感到头疼。只要符合自己的风格，主播大可大胆地说出自己的个性。

②**切勿跟风**。无论选择怎样的风格，主播的选择理由都不应当是"别人都这样"，别人的风格不一定适合你，强行改变个性反而会让直播变得别扭。

③**直播定位**。不同类型的直播，与风格也有一定的适配性。主播要根据直播的定位做出适当的调整，避免让粉丝感到主播与内容不符。

3. 展现自己的温度

直播不是简单的"你说他听"，只有在互相往来中，主播才能与粉丝建立情感链接。因此，主播应当真诚地展现自己，与粉丝保持交流，让粉丝感受到主播的温度。

为此，主播可以建立一个互相交流的平台，如微博、微信群等，让粉丝了解生活中的主播，从而使主播的形象更加立体，而不是局限于直播间的摄像头前。

4. 坦诚自己的弱点

表现真诚心的最好方法，就是坦诚自己的弱点。"我不行""我不知道"，这些话可能会展现出自己的弱点，但主播却能通过这样的真诚，获得粉丝的信任。

心理学上有一个神奇的"出丑效应"，就是说当你出丑、暴露缺点时，你的魅力却是在增加的。因为出丑会让主播显得更加真实，而真实的主播更能赢得粉丝的认可。

5. 微笑和眼神

诚心是打开粉丝心门的钥匙。但如果主播只是在直播里说"我很真诚"，粉丝就会信任主播吗？答案当然是否定的。

无论主播说了什么，这些话语都可能事先经过设计，但微笑和眼神却最能触动粉丝的心灵。有时，当主播出丑时，一个尴尬的眼神、一个道歉的微笑，就能俘获粉丝，让粉丝对主播心生喜欢。

02　平常心：不怕比较，不怕批评，不怕否定

平常心则是主播将直播坚持下去的必备心理素质。直播是一个新兴行业，因而也容易形成各种浮躁的氛围，今天哪个平台做拉新人活动，明天哪个主播一飞冲天，后天自己的粉丝跑了大半……在日新月异的主播行业中，随着流量的高低起伏，主播也很容易心理失衡。

但在此时，主播一定要记住：我们不可能有全世界最美丽的外表、最聪明

的大脑、最赏心悦目的身材；而成功的高手主播通常也并不具备这些要素，他们拥有的只是坚持不懈的努力而已。

主播一定要有一颗平常心，不怕比较、不怕批评、不怕否定。而要练就这样一颗平常心，主播就一定要克服 7 个心理误区。

1. 好高骛远

现在很多主播刚加入公会，就想要高底薪、高提成，却不考虑自己作为新人主播是否有这样的价值。如果哪家公会真的给新人主播那么好的待遇，主播难道不会怀疑对方的目的？

直播圈的竞争越来越激烈，主播想要快速做出好成绩也不再那么容易。这时候，主播一定不要只看到其他主播的光鲜亮丽，就好高骛远地向他们看齐。要知道，大主播们光鲜亮丽的背后，是长时间的坚持和努力。

2. 急于求成

急于求成的主播在直播圈里比比皆是。我遇到过一位新人主播，才直播了 20 多分钟，就抱怨说："怎么这么久都没人送礼物，不播了。"

这类主播同样是对直播还没有足够的认知，就盲目做起了直播的工作。但即使是在直播最红火的那几年，新人开播 20 分钟就有礼物的事情，也是罕见。

3. 安于现状

有些主播则是"破罐子破摔"的心态。粉丝多了，流言蜚语也会变多，有些主播不愿意被批评或否定，所以就不愿做大，甘愿守着几个粉丝慢慢播，或是在公会里拿底薪。

但在竞争激烈的直播圈，安于现状的主播一定是不进则退。主播如果不上进，不提升自己，那些仅有的粉丝也终将会抛弃你，公会也不会再收留你。

4. 高低落差

在直播行业的黄金期，很多主播也曾经在小平台上做过大主播，每月收入可观。但随着很多小平台的倒闭，这些主播也只能去大平台上竞争，但这就意味着，他们要从新人做起，重新开始积累粉丝。

这种高低落差很多主播都接受不了。但在这时候，主播一定要学会安慰自己：我既然能在小平台做大，就说明我有能力；只要我努力，我在大平台也一定能做好，一切都只是时间问题。

5. 自我感觉良好

有一些小平台的大主播，或是在大平台上做出一定成绩的主播，会产生过于良好的自我感觉，觉得自己就是厉害。但要知道，现在的主播越来越多，形象好、气质佳、才艺多的主播也越来越多。

如果主播有了自我感觉良好的心理，就会陷入危险的境地。尤其是有些主播还会将这种自我感觉带到直播当中，在粉丝面前展现优越感，这无疑是"自寻死路"。

6. 急于表现

对主播来说，竞争并不是坏事。只有在竞争中，主播才能不断提高自己；有竞争意识的主播，才能走得更远。但有的主播看到同一时期的主播做得比自己好，就会产生焦虑、烦闷的情绪，于是，为了增加流量，他们就急于在直播中表现自己。

但这种缺乏对比分析的表现，反而可能会让主播失去自己的风格。甚至有些主播为了讨好粉丝，不断突破底线，导致失去自身价值。

7. 过分要求

有些主播本身已经积累起一定的流量，成为平台上炙手可热的大主播。渐渐迷失了自己，热衷于和其他大主播做比较：今天自己流量变少了、明天哪位大主播排到自己前面……为了挽回地位,这些主播就可能对粉丝提出过分的要求,既要粉丝刷流量又要粉丝刷礼物,还要粉丝去其他主播那里挖人……

这种做法不仅不会帮主播挽回地位,反而会气走粉丝。

03 娱乐心:娱乐中也能干出大事

在大多数人眼中,直播都只是一种娱乐,很多主播也这么认为。但主播要知道,娱乐中也能干出大事。

粉丝聚集在直播间的一个核心诉求,就是好玩。如果直播不好玩,为什么不去看剧、打游戏?如果直播不好玩,为什么要关注、打赏,还要分享?

因此,主播必须有一颗娱乐心,让自己的直播足够好玩。否则,即使主播每天发红包雨,优质粉丝也会大量流失,剩下的粉丝也只是为了"薅羊毛"而已。

1. 不断打造新奇内容

一招鲜吃遍天的模式,在直播圈里是行不通的。无论怎样优秀的直播节目,都会在时间的流逝中,让粉丝渐渐失去新鲜感和快感。尤其是在直播圈快速发展的当下,任何优秀活动,都可能面临大范围的快速复制。

因此,每一次打造新奇内容之后,主播都不能止步,要不断为粉丝打造更多的新奇内容,在一波又一波的热点话题中,将你的直播推向巅峰。如图2-1所示,为主播打造新奇内容的原则。

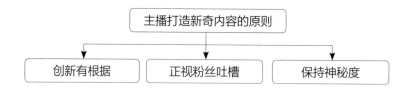

图 2-1 主播打造新奇内容的原则

①**创新有根据**。在创新话题时,主播同样不能想当然地创新,避免所谓的创新因为"脱离群众"而无法落地。此时,主播可以围绕市场热点、时间属性、粉丝需求三个核心,不断开发新的话题,引导粉丝参与互动。

②**正视粉丝吐槽**。如今,吐槽已经成为直播圈的常态,主播每天都要经历大量的粉丝吐槽。但主播却不要对此不以为意,因为,粉丝每一次吐槽的背后,可能都是对主播的一次否定。但是,对于一般的吐槽,主播又不能给予太过正式的回应,以免显得"见外"。那么,主播该如何对待吐槽呢?

首先,将吐槽看作是一个幽默点,给予趣味性的回应。

此时,如果吐槽中确实暴露了主播的某个问题,主播就要尽快做出改善,让粉丝感受到你的重视和尊重。

应对粉丝吐槽,你需要"在战略上重视,在战术上风趣",如此才能让主播的形象更加正面与亲切。不要因为粉丝的吐槽而遮遮掩掩,坦然的态度反而会让粉丝更加信赖你,甚至主动提供意见。

③**保持神秘度**。保持神秘度,就是为了将新奇内容的效用最大化。想要持续为粉丝打造新奇内容并非易事,但主播却可以在一件事上不断铺垫,一点一点地放出消息,让粉丝持续关注。直到最后,一下爆出让粉丝惊呼的消息,从而最大化你的创新效益。

2. 专属"嗨玩"活动

直播娱乐的高阶手段，就是打造直播间粉丝专属的"嗨玩"活动，让他们能够玩得开心。为此，主播可以定期举办自己的"社群狂欢节"，在线上或线下将粉丝聚集在一起，让大家在一个大型活动中，尽情玩乐，并相互交流情感，从而提升粉丝的归属感和参与感。

如果主播有固定的"带货"任务，就可以在每年换季时，开展"新品设计会"活动，让每个粉丝都参与到新品的设计中，评选出最受欢迎的款式，并投产赠送；对于款式设计的获胜者，主播则可以给出物质奖励，或款式署名权等荣誉。

为了进一步加强粉丝黏性，除了营造"家人"关系，专属于粉丝的活动也必不可少。这既可以体现粉丝的特殊性，也可以提升粉丝的归属感。主播需要创造出各种新奇活动，将整个直播间盘活。

3. 坚持提供干货

要在娱乐中干出大事，主播就不能只顾娱乐。娱乐虽然可以活跃直播间的气氛，让粉丝玩得开心，但想要让粉丝一直留下来，主播也要为粉丝提供一些干货，如图2-2所示。

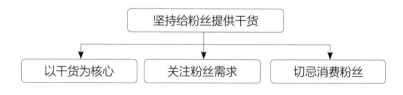

图 2-2　坚持给粉丝提供干货

①**以干货为核心**。在直播娱乐的过程中，主播也要坚持为粉丝提供干货。如果没有干货作为支撑，与其放出各种噱头，不如低调"憋大招"，噱头只能够成为干货的点缀。

②**关注粉丝需求**。当主播已经取得一定成绩时，就很容易为粉丝提供干货。因为主播的直播经过了粉丝的验证，符合粉丝的需求，主播只要以此为方向，

就能提供粉丝需要的干货。

③切忌消费粉丝。很多主播把粉丝看作一种重要的营销资源，一旦积累起一定的粉丝，就疯狂接广告"带货"，好让流量变现。但这必然会让直播变味，因为粉丝不是为了看广告而来的。

对于真正的直播娱乐而言，抓住粉丝的需求，提供干货、打造新奇内容都并非难事，关键在于坚持。看着别的主播借助各种炒作获得关注，你是否能够沉下心来做粉丝的"工匠"呢？

04　含蓄心：直播中切忌指手画脚

主播是直播间的掌控者，决定了直播的内容和节奏，主播可主导与粉丝的互动，以此调动粉丝的情绪变化，让粉丝高兴地打赏……但这种体验，却让很多主播忘了保持一颗含蓄心，在直播中直言直语、指手画脚，似乎真的拥有了"主宰"的地位。

这样强势的主播，即便一时能引起粉丝的兴趣，粉丝最终也会离你而去。毕竟，粉丝花费时间、精力、金钱，不是为了来被别人指手画脚的，他们最终都会刷上一句"你算老几"，然后关掉直播。

如果主播在直播间里总是指手画脚，一会说这个粉丝不对，一会说那个粉丝不好，那么一定会引起粉丝的反感，甚至会使粉丝觉得主播是在没事找事。一旦粉丝形成这样的认知，主播的直播生涯也将就此告终。

事实上，在直播行业快速发展的这些年，很多主播存在各种缺陷，甚至会让熟悉的人觉得他们"脑子缺根筋",但他们身上的某个特质,却成了他们赢得粉丝喜爱的关键,让他们越播越红。

但当粉丝达到一定规模时,主播就要意识到自己身上的缺点,不要错以为粉丝喜欢你,就会喜欢你的一切,他们之所以还喜欢你,是因为还没有认清你的缺点而已。

主播应当有意识地改正自己的缺点,如果实在无法改正,也要注意隐藏,避免这些缺陷损害自己在粉丝心中的形象。但最怕的是,主播明明有各种缺陷,却不自知,反而以为粉丝就是喜欢这样的自己。

因此,主播应当多多与铁粉交流,坦诚询问对方自己身上的不足。同时,主播也可以邀请场控或经纪人加入,让他们从更加专业的角度提升自己,并对粉丝进行运营管理。

1. 三思而后言

说出去的话就如泼出去的水,有些不该说的话,一旦说出口了,后悔都来不及。所以,主播在说话之前一定要先想好该不该说,三思而后言。主播在说话时必须要有一颗含蓄的心,才不会因为口无遮拦而得罪粉丝。

比如粉丝主动和主播聊起情感问题时,主播就该想想,哪些话粉丝爱听,哪些话坚决不能说。只有这样,你才不会因人前失言而使聊天不愉快,才会有更多的粉丝愿意和你交流。

2. 直播复盘

主播最怕的就是有缺陷却不自知。为此,主播可以在每场直播之后进行复盘,完整地观看自己的直播,并对直播效果进行分析。

①**直播内容**。直播复盘首先要看自己的直播内容是否连贯、顺畅,很多时候主播在直播时没发现的错误,在复盘时可以看得很清楚,对此主播要进行针对性改善。

②**粉丝反响**。粉丝的反响，是验证直播内容的直观指标。什么时候弹幕最多、什么时候礼物最多，什么时候反响平平、什么时候粉丝流失最多……分析这些信息都能帮助主播反省直播中的问题。

3. 培植粉丝管理员

主播要做大做强，必然需要对粉丝进行精细化运营，但主播每天都要精心创作，实在没有太多的时间和精力来做这些。此时，主播不妨培植几位粉丝管理员，让他们帮助自己与粉丝沟通，避免主播因疏于管理而引发粉丝流失。

①**主动招募**。在直播互动中，主播可以有意识地寻找能当粉丝管理员的人才，并表达出"广纳贤才"的意向。需要注意的是，粉丝管理员必须是主播的"老粉"，对主播足够熟悉且十分支持。这样的粉丝才能帮主播做好管理。

②**用心培养**。从粉丝中挑选出的人才，大多不具备太强的专业能力。主播在最初也要用心对其进行培养，甚至设定激励机制，给粉丝管理员一定的分红或奖励，并在直播时表现出对粉丝管理员的支持。

4. 邀请场控

如果主播自己无法完成自我反省和粉丝管理的工作，粉丝中也没有合适的人才，主播就要考虑邀请场控加入。

过去，场控只是直播间里一个边缘配角，但在直播愈发专业化的今天，每位有一定成绩的主播都需要一个场控的协助，他们不仅负责直播间里的琐碎工作，也可能成为直播间的导演，变成直播间不可获取的组成部分。

场控的作用一般有3点，如图2-3所示。

图 2-3 场控的作用

①**调动气氛**。只靠主播自己，能调动起的气氛是有限的。尤其是限于主播的风格和气质，有些调动气氛的方式，并不适合主播采用。此时，场控则能配合主播，在合适的时机将气氛调动起来。

②**补充短板**。每位主播都有自己的特长，但也有自己的短处或处理不了的事情，这就需要场控作为补充，协助主播来处理。当主播在直播出现失误时，场控也能及时圆场。

③**与粉丝互动**。主播的精力有限，不可能照顾到直播间里的所有粉丝，但所有粉丝却都需要被关注。因此，场控则能帮助主播与粉丝互动，照顾大部分粉丝的情绪，甚至刺激粉丝送礼。

如今场控的作用越来越重要，对场控的要求也越来越高。主播在寻找场控时，一定要注意选择合适的人才，要能互补、够贴心、玩得起，而且有足够的场控经验。

05 尊重心：每位粉丝都值得被尊重

直播其实就是平民化的粉丝经济。就如明星依靠粉丝获得大量流量和资源一样，主播同样需要粉丝的支持才能成功。但在直播过程中，主播却很难有明星那样一视同仁的心态，很多主播的眼里更是只有"土豪粉丝"。

"土豪粉丝"财大气粗，也是很多主播主要的经济来源。但仅靠"土豪粉丝"，主播也不可能登上热门榜；眼里只有"土豪粉丝"的主播，最终也会失去所有粉丝。

尊重心是每位高手主播的必备心态，只有尊重每位粉丝，粉丝才会尽可能地支持主播。

某主播在斗鱼嘉年华上，请3500多位粉丝吃武汉最贵的小龙虾馆，而在聚餐期间，该主播甚至没怎么坐在餐桌上，而是在餐厅里到处转，满足每一位粉丝的合影需求。

直播圈越来越大，很多主播也都有自己的个性，但在保持个性的同时，主播却不能失去对粉丝的尊重。否则，主播也就失去粉丝的支持。

在与粉丝沟通时，主播必须要重视并尊重粉丝，尽量满足粉丝的需求，并让粉丝受益。

1. 满足粉丝需求

满足粉丝需求是展现主播尊重心的有效方式，但尊重并不意味着一味讨好粉丝。很多主播是粉丝要求什么，他们就去做什么，变成粉丝的提线木偶，毫无定力；还有些主播则是忠实粉丝要求什么就做什么，对其他粉丝的需求不管不顾。

要满足粉丝需求，就要从以下3方面努力，如图2-4所示。

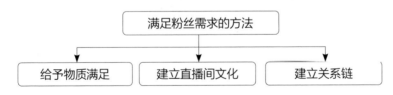

图 2-4　满足粉丝需求的方法

①**给予物质满足**。物质满足虽然不是粉丝的核心需求，但却能产生简单直接的效果。除了偶尔的粉丝红包之外，主播也可以通过产品、奖励来给予粉丝物质满足。

②建立直播间文化。粉丝之所以被吸引进直播间，一般是因为主播的才艺或性格，但这些属性却并非某位主播独有。为了让自己更加特别，主播就要建立直播间文化，形成独有的文化氛围，给予粉丝特殊感和归属感。

③建立关系链。为了让粉丝成为直播间的"永久居民"，主播就需要在日常直播中，通过与粉丝互动，通过引导粉丝间互动，建立粉丝与主播、与其他粉丝的关系链，让粉丝在享受优质社交体验的同时，提高他们的"跳槽成本"。

2. 让所有粉丝受益

其实，满足粉丝的需求并非难事。但在直播中，随着直播间粉丝越来越多，满足所有粉丝的需求却是难题。

正是因此，才会有主播厚此薄彼、只顾"大哥"不顾"小弟"的现象；有些主播则干脆自说自话、谁也不理。这两种做法无疑都会伤害粉丝的感情。

主播真正要做的是，学会让所有粉丝受益的方法，避免粉丝因为感觉不受重视而不满。

①制定直播间规则。让所有粉丝受益，并非让所有粉丝获得相同的收益，而是让所有粉丝受益的机会相同。因此，主播可以明确直播间规则，让所有粉丝拥有相同的机会：在做出更多的贡献之后，就可以获得更多的收益。

②不断完善规则。直播间规则的构建是一个不断完善的过程，主播可以将规则的修订权交给粉丝，让他们决定做出多少贡献应享受多少福利。但在这一过程中，主播也要重视粉丝的反馈，并做出引导。

3. 粉丝比变现重要

很多主播总是想着怎么让流量变现，但其实，粉丝比变现更加重要。当主播拥有足够多的粉丝时，自然有忠实粉丝出现。

如果主播迫不及待地在直播间里大做广告，必然会损害粉丝体验，让粉丝感觉自己只是主播变现的工具，因而失去对主播的信任。

要尊重粉丝，即使是"带货"，主播也靠考虑到粉丝的接受程度。在发广告之前，主播可以先调查粉丝的偏好和对广告的接受度，再做推广。

06　宽容心：直播间里要宽容

很多主播认为直播间里似乎谈不上宽容谁、不宽容谁。但事实上，主播确实掌控着直播间里的话语权，一旦某位粉丝在言语上得罪了主播，主播的"挂人"就会让这位粉丝受到巨大的伤害。

这就像是我们在谈论网络暴力时，一位普通粉丝的恶毒谩骂可能不会有人注意，而一旦被明星大咖转发出来，这位普通粉丝将一会感受到巨大的网络暴力。

或许在有些主播看来，这只是"以牙还牙"；但其他粉丝却可能觉得这是另一种"网络暴力"。无论孰是孰非，其实这都不是直播间里需要考虑的问题，主播的直播间都有自己的主题，我们何必因此偏离主题？更何况，如果主播对每一个有不同意见的粉丝都这样处理，那直播也无须进行下去了，转而开一场辩论赛其实更好。

正如每位主播都期待粉丝的包容一样，主播同样要对粉丝有一颗宽容心。即便粉丝说了一些令人不开心的话，主播完全可以一笑带过、置之不理；如果粉丝说了什么很过分的话，主播也可以直接将其拉黑，踢出直播间。不要因为一个口无遮拦的粉丝，影响其他更多粉丝的体验。

1. 说话要有"口德"

总有一些主播，平时与粉丝沟通时以毒舌著称，谈论别人时的毒舌，有时也能激发粉丝的快感，但如果这份毒舌落在了粉丝身上，粉丝就会感受到那种被讽刺、挖苦、诋毁乃至谩骂的痛苦。

事实上，即使是毒舌主播，也要留有"口德"。要知道，伤人以言甚于刀剑，不是每位粉丝都能接受毫无底线的毒舌——即使粉丝本身有错在先。

就如在拥挤的地铁站，你因为赶时间太过匆忙，不小心撞到某路人，你还没来得及道歉，对方就迫不及待地责备道："跑那么快，赶着××呢？"听到这话，你的歉意也会瞬间消失，只会留下一句"神经病"然后走开。

说话和做人永远分不开，没人愿意和不会做人的人做朋友，也没有粉丝愿意关注不留口德的主播。

直播之所以能够吸引粉丝的关注，就是因为主播能够帮助粉丝排解情绪上的压抑。但如果直播间里也没有包容、没有理解，只有主播的得理不饶人、无理抢三分，一味说些难听、伤人的话，那无论这位主播走到哪里，都不会受人欢迎。

和粉丝聊天时一定要有口德。如果主播长了一张刀子嘴，即使主播才艺再好、长得再好，粉丝也只会离你而去。

2. 主动化解尴尬

粉丝在观看直播时往往处于完全放松的状态，这时候的粉丝难免会一时口快说错了话，导致直播间变得尴尬，甚至会让主播难堪。

此时，主播应当扮演怎样的角色呢？是当看客，冷眼旁观粉丝的尴尬？还是无动于衷，看着粉丝在那边道歉？或是扮演粉丝的英雄，雪中送炭，救粉丝于"水火之中"？

如果主播选择冷眼旁观或无动于衷，那未免让粉丝心寒。当粉丝陷入尴尬境地时，主播不仅没有帮粉丝解围，甚至在一旁看笑话或是落井下石，这样的主播也不会有粉丝喜欢。

主播应当尽量在粉丝面前表现出自己的善良,当主播能够包容粉丝时,粉丝也会包容主播。人与人的交往,离不开一颗善良、宽容的心。

当粉丝因为说错话而尴尬时,如果主播能够巧妙化解尴尬,不仅能迅速获得粉丝好感,还能让其他粉丝对主播刮目相看,何乐而不为?

①**转移话题**。在粉丝说错话时,主播可以主动转移话题,用一些轻松、愉快的话题来活跃气氛,缓和尴尬的局面。

②**给台阶下**。当粉丝说了不合时宜的话,主播也可以换个角度或找个借口,帮粉丝解释,让粉丝有台阶可下。

3. 别刻意挑粉丝语病

并不是每位粉丝都能准确表达自己的心意,常见的现象是,粉丝为了表达对主播的欣赏,又为了让自己看起来与众不同,而说出了不合适的话语。

但此时,主播应当感受到粉丝的心意,而不是刻意挑粉丝语病。可有些主播似乎就是精力旺盛,会立刻抓着粉丝的语病不放:"你这句话有语病,不应该这么说!""这个词不是这么用的,你用错了!"这不仅会显得主播吹毛求疵、斤斤计较,也会伤害粉丝的心情,让粉丝感到失望。

要知道,每个人在说话时,都有可能一不小心用错词,或是偶有语病。但这却无伤大雅,也不影响对方表达自己的想法。

主播与粉丝的沟通,更重要的是心意的交流。只要主播能感受到粉丝的支持和爱意,那粉丝用了什么措辞或表达方式都是次要的。即使对方出现了语法上的错误,或是用词不当,只要不影响对方想要表达的内容,主播就不要去刻意挑剔或纠正。如果主播总是抓住这些细枝末节不放,就会本末倒置。

07 合作心：粉丝都是你的合作伙伴

直播间就好像一个简单的工作室，随着主播的不断成长，这个工作室的成员也会不断丰富，如场控、经纪人等，都会参与进来，成为主播重要的合作伙伴，带领直播间走向辉煌。

但回归本源，主播最重要的合作伙伴是谁呢？就是粉丝。粉丝不仅是主播成长的衡量尺度，更是推动主播成长的重要基石。

千万粉丝的大主播也是从十个百个粉丝的新人主播做起的，但正是这十个百个粉丝的认可，支撑着新人主播不断成长，主播的粉丝量也由此倍增，逐渐达到千万级。

粉丝给主播带来的不仅是流量、分享或打赏，更重要的是信心和关怀。粉丝给了主播这么多的支持，为什么主播不能将粉丝看作合作伙伴，给他们更多的反馈呢？

每位主播都应当带着合作心，将每位粉丝看作自己的合伙伙伴，并将这样信念传递给粉丝。

1. 粉丝需要什么

合作的一个必然基础就是互惠互利，只有一件事对双方都有利时，双方才会合作到一起。那么，主播在关注自己需求的同时，就要认识到粉丝的需求，知道粉丝需要什么。如图2-5所示，为粉丝的共通需求。

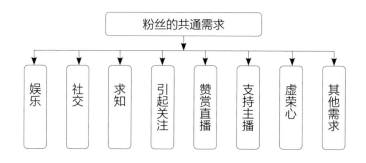

图 2-5　粉丝的共通需求

①**娱乐**。粉丝看直播的第一需求，大多都是娱乐，是为了精神放松和情绪释放，排解现实生活中的压抑情绪，这就要求主播的直播足够好看。

②**社交**。直播与影视剧的一个核心区别就是社交性，粉丝就是不想一个人看电影，才会选择和一群人看直播。那主播就不能一个人自说自话，而要加强与粉丝的互动。

③**求知**。在单纯的娱乐和社交之外，很多粉丝看直播也是为了求知，这里的求知不仅是知识，也包括产品、资讯、八卦等各种信息。所以主播的直播就要有干货。

在基本的观看需求之外，粉丝又是基于什么需要才会打赏、送礼呢？

④**引起关注**。粉丝希望通过直播来社交，这就需要引起主播的关注，打赏能得到主播的感谢，可能会被主播记住，甚至可能建立直播外的联系。

⑤**赞赏直播**。当主播的直播内容足够好看，粉丝欣赏主播的才艺时，就会自然而然地送礼以表示赞赏，就和对待街头艺人一样。

⑥**支持主播**。因为对主播的喜爱，粉丝想要通过打赏来支持主播，这是比较常见的需求。此外，在连麦较量等环节，粉丝为了让支持的主播获胜，也会加大对主播的支持。

⑦**虚荣心**。有些粉丝则是为了满足自己的虚荣心来打赏主播，主播的感谢、其他粉丝的力捧，都会让他们获得心理上的满足感。

⑧**其他需求**。粉丝的需求多种多样，他们也可能因为其他需求来打赏，比如和主播的铁粉、公会会长关系好，所以支持他们支持的主播等。

了解了粉丝的需求，主播才能通过满足粉丝需求，来与粉丝建立合作关系，寻求粉丝的帮助。

2. 我需要你的帮助

主播并非摆在柜台里的商品，而是与粉丝一样真实的人。在与粉丝的合作中，主播要主动表明自己的需求，我们需要粉丝的帮助，才能不断成长。

很多主播对待粉丝的态度就好像：我就静静在展柜里表演，你喜欢就买下我，不买就不要打扰我。他们以为这样的态度可以快速筛选出潜在的消费者，但这种态度却将自己变成了消费品，失去了与粉丝合作的可能；而即使是为了刺激消费，这种拒人于千里之外的态度也会打消粉丝的消费欲望。

每位主播都明白，我们的成长需要粉丝的帮助，是粉丝的每一次关注和消费，带动主播的提升，让主播能从新人主播变成小主播、中主播，乃至大主播、高手主播。

我曾经关注过一位新人主播，这位新人主播只用了两个月就成了平台热门榜的常客，几乎每次直播都能收到很多礼物。但仔细观察他的粉丝，我却很少能看到真正的土豪粉丝，都只是一些"小迷妹"。这些"小迷妹"虽然经济能力有限，但却是真正地关心主播，虽然每个人送的礼物都很小，但其真心关心主播的直播时长、直播态度，并尽力帮助主播涨粉。

设想一下：在你的帮助下，一位新人主播慢慢成长为平台的大主播，而你也成为这位大主播心中不可替代的存在。这是一种怎样的成就感？

因此，主播不妨在直播时告诉粉丝，我需要你们的帮助，需要你们关注、分享或打赏。主播切忌自以为有点才艺、有点粉丝就高高在上。

3. 你的付出很有用

"谢谢各位粉丝宝宝最近这么给力,我特地买了新衣服穿给你们看哦!""终于能换上新的声卡啦,希望我的歌声能更好听!""大家看今天的直播间是不是很不一样,我可是投入了巨资哦,大家觉得好看吗?"

这些话语经常出现在大主播的直播间里,但很多主播不以为意,有些主播则以为是炫耀。但这样简单的一句话,却类似于企业的业绩汇报:你的付出很有用,因为你们的打赏,我的打扮更好了、我的设备更好了,我的直播更好看了……

有些主播为了让直播好看,最初就投入巨资装扮直播间。但与其如此,不如向粉丝展现真实的自己:廉价的出租屋、入门级的设备、地摊货的服装,虽然是有很多粉丝,但我的经济条件确实一般。

因为这样的亲民形象,粉丝会更加希望能够帮助到主播,而主播在收获到粉丝的帮助之后,也要展示粉丝帮助的效用,让粉丝感到自己的投资是有价值的。

4. 我付出了很多努力

主播不是展柜里的商品,也不是养成游戏里的角色,每位主播为了提升自己都需要付出巨大的努力。在合作关系中,不可能只是粉丝一方的付出,只有主播的付出才能刺激粉丝的付出。而这同样需要展示给粉丝。

随着主播竞争越来越激烈,我们总是能看到这样的新闻:因每天戴美瞳长达 12 小时,结膜炎成为主播职业病;00 后主播每天直播到半夜,最终被送入医院急救……

当粉丝好奇主播的感情情况时,主播可以说一句:"我每天都在陪你们,哪有空交男朋友呀,现在出门逛街都找不到朋友陪了!"

当粉丝好奇主播的收入情况时,主播可以坦诚:"多亏了大家的帮助,我也有了一些积蓄,但每天都在家里直播,想出去旅行一次都没有时间!"

主播必须要让粉丝知道：你们消耗了时间和金钱，但主播同样也付出了精力和健康；也只有当主播付出的比粉丝更多时，粉丝才能感到打赏得值。

展现自己的付出与努力，才能让粉丝愿意与主播合作。否则，粉丝就会认为这是一份轻松的工作，每天坐在那里唱唱跳跳就有大把收入，有了这种想法，粉丝又怎么会给主播关注和打赏呢？

5.让粉丝参与进来

与粉丝合作的更高境界，就是让粉丝参与到直播的创作过程当中，甚至让粉丝来主导直播内容。他们不仅是"投资者"，也是"创作者"，这会给粉丝更好的参与感和成就感。

①**提供创意**。优秀的直播离不开一个成功的创意，而创意并非苦苦思索就能产生的。主播可以在直播间里举办创意征集活动，让粉丝帮主播想出更多的创意，即使粉丝的创意并不合适，也能从侧面激发主播的灵感。

②**参与设计**。如果粉丝无法给出正常直播内容的关键创意，主播也可以让他们参与设计，给他们细节的选择权力。如挑选演唱曲目、舞蹈风格，在这个过程中，主播也能了解粉丝的喜好。

③**大家来找茬**。优秀的主播会对每场直播进行复盘，寻找这场直播的优缺点，并在之后进行发扬或改善。为此，主播也可以发起"大家来找茬"的意见征集活动，让粉丝帮主播寻找可改善的细节。

08　正念心：心怀正念，才能走得长远

近年来，"正能量"已经成为出镜率颇高的词汇，虽然有些人貌似对之不屑，但其实，每个人都需要正能量。很多主播觉得直播与正能量毫无关系，但如果失去正能量的支撑，直播必然不会走得长远。

正能量之所以偶尔被"嘲讽"，正是因为很多人打着"传播正能量"的口号，其内核却毫无正能量可言。

主播一定要心怀正念，以正能量激励粉丝积极参与，切忌把"正能量"玩成粉丝吐槽的对象；也只有心怀正念的主播，才能走得长远。

正能量只有简单的三个字，但其内涵却并非简单几个词汇就能概括，在现代生活中，身体健康、尊老爱幼、独立思考、德才兼备、脚踏实地、爱国主义……这些都是正能量。

然而，主播的直播内容虽不可能囊括这所有的内涵，因此，在心怀正念时，主播也要结合直播间的风格，让粉丝感到既有正能量又好玩。

1. 具备普适性和激励性

直播间里的正能量无须过于高尚，也无须过于复杂。在给直播融入正能量时，主播要注重普适性和激励性。

所谓普适性，就是指主播挑选的正能量适用于大多数粉丝，并符合"普适价值"。举例而言，直播间的主题是运动，那么，身体健康就是一个具备普适

性的正能量内涵。

在普适性的同时，还需具备激励性。因为只有如此，主播才能依靠正能量激励粉丝积极参与互动。因此，如果运动直播的专属正能量是身体健康，那么，主播就要将之解释为不断追求更加健康的身体和生活，并为粉丝提供相应的技巧和方法。

2. 与主播风格相融合

每位主播都有自己的直播风格，主播必须将正能量与之融为一体。很多主播以为这很难，事实上，正能量与主播风格的融合十分简单，主播只需找出直播间的某个关键词，并进行一定的改造即可。

比如游戏主播，就可以抓住电子竞技的竞技精神，将"团队合作、坚持不懈、友谊第一"作为直播的正念，并在直播间里倡导团结、和谐、奋进。

同时，主播一定要选择自己认可、符合自己正念心的正能量。如果不是真心认可，只是将之作为噱头，主播就很容易在直播中跑偏，导致人设崩塌，比如借着"幽默搞笑"的名义调侃弱势群体或革命先烈，或打着"身体健康"的口号推销保健品。

3. 明确禁止"负能量"

在传播正能量之前，主播必须在直播间里明确禁止"负能量"。除了平台规定禁止的各种情况之外，主播也要带头避免出现各种打擦边球的情况。

很多主播对此不以为然，但要知道，打擦边球的情况会严重损害直播间的氛围，甚至会不断升级导致直播间违规。

当然，主播偶尔说两个段子调动气氛并没有问题，但要注意控制节奏，及时将直播带回主题。

4. 保持开放利他

因为竞争的激烈，有些主播开始变得十分自私，一方面希望从别的主播那里挖来粉丝，另一方面又怕自己的忠实粉丝被别的主播抢走……于是，这些主播只想打造出专属自己的封闭社群，疯狂地吸引粉丝加入，并贬低其他主播，想借此让他们留下来，但殊不知，这样做往往会适得其反。

正因为竞争的激烈，所以主播只靠自己一个人的力量很难实现快速的成长。与其关起门来单打独斗，主播不如保持开放心态，与其他主播一起合作，实现流量的倍增。

在这样的过程中，主播要有利他的胸怀，如果只顾着利己，也就不存在合作。

5. 鼓励粉丝互助

直播不仅是主播的个人秀，也是一个重要的社交平台。主播既要引导粉丝间建立联系，也要鼓励粉丝间互助。在每一次的相互帮助中，强化直播间的关系链，让直播间成为粉丝重要的社交枢纽。

为此，主播就要带头做好示范。当粉丝有困难时，要主动给予帮助；当粉丝有需求时，也可以免费提供干货；在平时，主播也可以像那些经常做公益的高手主播一样做些公益活动。

Part3

主播开场,从合理调动气氛开始

　　开场是直播的重要环节,决定了粉丝是否会留下来、看下去。很多主播并不重视开场,只是随便聊上几句,就快速过渡到直播节目,他们不想为简短的开场浪费过多的准备时间。这种做法不仅会让粉丝无法适应,主播也会因为还未调动起直播间气氛,而无法在后续的直播中取得良好的效果。其实,一个完美的开场是主播展现风格、留住粉丝的关键。

01 从自己聊起，吹拉弹唱都可以

聊天是获取粉丝的敲门砖。很多大主播在与粉丝聊天时，都好像有聊不完的话题，不时还能说出一些金句，让粉丝大呼过瘾。但聊天对中小主播或新人主播来说，却是一个难题。

在"社交恐惧症"愈发成为流行症状的当下，很多主播很难在面对陌生粉丝时滔滔不绝、口若悬河。尤其是在开场环节，在还未与粉丝有过交流的时候，有些主播更是不知该聊什么才好。

然而，如果直播就这么直接进入正题，也未免显得太过"粗暴"。那么，主播开场时到底应该聊什么呢？

如果实在找不到开场话题，主播不妨从自己聊起，吹拉弹唱都可以。如果实在不知道该怎么聊，主播则可以借助场景里的某一件物品，从它开始聊起。

1. 选定物品

在直播间的布置场景里，主播可以随意选取一样物品，并由此开始自己的聊天话题，比如一个玩偶、一个板凳，甚至只是一个挂件。当然，如果是才艺主播，对应的乐器则是更好的选择。

2. 设置悬念

选定物品之后，主播就可以以此展开与粉丝的聊天话题。但在此时，切忌平铺直叙的讲述，那只会让话题显得无聊，粉丝也不会听下去。因此，主播一定要就这个物品设置悬念。

①为什么？ 关于物品的第一个悬念，就是"为什么"。直播间里有那么多物品，为什么选择这件？这件物品有什么特别的故事？

②然后呢？ 关于这件物品发生的故事，它的后续是怎样？主播要做的是就物品展开一个故事，而不是简单地讲述这个物品。

比如书架上的一个空酒瓶，为什么选它？因为它是我从一家酒吧带回来的。

那家酒吧有什么特别？我曾在那里经历过一次最疯狂的生日聚会，但我喝高了。

然后呢？我吐得满地都是，临走还拎着个酒瓶，拉着人干杯……

3. 讲述故事

主播与粉丝的聊天，80%都是在讲故事。一个简短的故事，也是直播开场的常用技巧。但如何讲好一个故事呢？

①细节。 故事一定要有细节，听起来才足够逼真，才能让粉丝有想象空间。

比如我曾经和粉丝说过一个故事："有一天晚上手机突然响了，我迷糊地睁开眼，被子也不知道被踢到哪里去了，从枕头下面翻出来手机，看了眼时间已经是凌晨4点了，我看着那个陌生的号码……"讲到这里，很多粉丝都会好奇：我到底接没接电话？后面又发生了什么呢？

②价值。 主播可以用故事来开场，但故事的价值绝不只是开场而已，故事也是让粉丝了解主播的有效方式。

"我最近可倒霉了，前几天车刚被别人追尾撞了，拖到修理厂去没两天，修理厂通知我过去签个协议。我一想，修个车还要签什么协议。结果一看，上面写着'部件运输过程如有损坏，需自行承担'，那时候，我才知道，我那辆破车的零件只能从意大利进口，国内都没有。唉，后面几个月都没车开了。"

等主播说完这个故事,弹幕里飘过一片"有钱"。这就是这个故事的价值——展现主播的"土豪"属性。

4. 吹拉弹唱

讲好故事,需要主播有强大的讲述能力,也需要主播拥有一定的聊天技巧。这无疑需要大量的锻炼。而在具备这样的能力之前,主播则可以融入吹拉弹唱,将开场环节作为才艺展示和节目铺垫环节。

当主播拿起一把吉他开始讲述自己学吉他的有趣故事时,不妨随手弹出几个和弦;当主播拿起一双舞鞋讲述自己在舞蹈学校的故事时,不妨随意跳几个动作。

即使主播没有什么才艺,也可以打趣地说一句:"虽然钢琴没学出啥成绩,但多亏了当初的训练,我现在玩游戏时手速才能这么快!"

开场的聊天不需要耗费多少时间,但却需要主播精心设计。在抓住粉丝注意力的同时,聊天里的每个故事、每个插曲,都应当具备相应的价值,比如展现才艺、表现特色、表达想法等。

02 卖萌撒娇惹人爱,把持不住"开守护"

"萌"简单理解就是可爱,是指一切让人喜爱的属性。卖萌则是主播在直播中展现自己的可爱,是赢得粉丝喜爱的利器,一旦粉丝把持不住,"开守护"也就变得自然而然。

然而，虽说"撒娇女人最好命"，但如果卖萌撒娇的方式不对，反而会让粉丝感到反感，认为主播矫揉造作。为此，每位主播都应当学会正确的卖萌撒娇方式。

开场环节的卖萌撒娇究竟是为了什么呢？

"人家才没有卖萌呢！"是为了体现主播的可爱形象。

"哎呀，刚开播就来这么多人，看来我偷偷吃泡面的计划泡汤啦！"是为了活跃直播气氛。

"谁说人家就只会唱一首歌的，咱今天偏要唱别的歌！"是为了引起粉丝兴趣。

卖萌的效果多种多样，主播想要卖萌撒娇惹人爱，就要明确自己卖萌的目的，否则就可能卖萌不成变尴尬。

1. 符合主播的风格

每位主播的风格不同，其粉丝群体的喜好也有所区别。即使是卖萌撒娇，主播也要坚持自己的属性：是软软乎乎的呆萌，还是傲娇女王的反差萌，或是嘴欠心大的贱萌？如果傲娇女王突然给出一击中二萌，那不仅无法让粉丝喜爱，反而会引起人设崩塌。

2. 特别的自称与称呼

自称是展现萌属性的关键细节，也是主播的常用手段。但正是因为用得人多了，如果主播不精心设计自称，反而会让粉丝觉得俗气、土气，或是因为重复率高缺乏特色，或是因为过于复杂难以记忆。

"人家"是很多萌系主播常用的自称，但却缺乏特色。为了便于记忆，自称可以是主播昵称的简称。

在设计自称的同时，主播也要为粉丝设定别样的称呼，而不是简单的"你""你们"。设计粉丝称呼的原则很简单，就是讨好粉丝，让粉丝感到舒服，比如韩式的"欧巴"、欧式的"达令"、中式的"汝"等。

3. 匹配的语气助词

作为"萌"的发源国，"日本腔"往往更能展现主播的卖萌能力。除去一些日式的句式外，使用"日本腔"的关键，就在于各种语气助词的运用，如呐、呢、嘛，以及"喵""的说"等句尾词。

"嘛～即使你这么说，我也不会唱那首歌的说！"如果主播用这种句式拒绝粉丝，粉丝大概也不会觉得尴尬，反而会更加喜爱主播。

然而，语气助词的使用不当或使用过度，也会让主播的卖萌看起来很奇怪。尤其是日式句式的应用，也要注意使用场景，避免粉丝难以接受。

为此，主播可以在平时多看些日剧或日本动漫，理解卖萌撒娇的正确方式。

4. 学会用梗

恰当地用梗，既能够展现主播的萌属性，也能使懂梗的粉丝会心一笑，从而活跃直播氛围。

但在用梗时，主播也要注意，陈年旧梗会让粉丝觉得过时或无聊，小众梗则可能难以被多数粉丝所理解，伦理梗更可能引起粉丝的反感。因此，主播一定要根据粉丝的喜好来用梗。

5. 搭配上表情动作

即使主播在语言上表现得再萌，但直播不是语音聊天，如果没有相应的表情动作，再萌的话语也会显得僵硬。这也是很多主播的卖萌看起来矫揉造作的原因。

卖萌常用的表情动作有吐舌头、眨眼睛、剪刀手、比心等。不要小看这些简单的表情动作,它们能够有效提升主播的萌属性,给粉丝以感官刺激。

6.坚持属性、避免人设"崩塌"

卖萌撒娇确实惹人爱,但当粉丝把持不住"开守护"后,如果主播气急败坏下暴露本性,那无疑会让直播的人设"崩塌"。因此,主播在卖萌撒娇时,一方面要符合自身风格,另一方面则要坚持表现出的萌属性。

03 逗乐搞笑热场,营造欢乐气氛

主播开场最怕什么?大概"最怕空气突然安静"。主播不知道说什么,粉丝也不知道说什么,于是"相顾两无言",粉丝关了窗口,主播也关了摄像头。

主播开场的首要目标就是热场,营造出一个欢乐的气氛,而这就离不开各种逗乐搞笑。

有些主播也会疑虑:"我不是逗乐属性啊!逗乐搞笑和我的直播风格不符!"但其实,这类主播只需要稍微营造些搞笑气氛,就能依靠反差萌迅速调动起粉丝热情。

要知道,姣好的容颜确实能够帮助主播快速出头,但想要真正被粉丝接受,则需要幽默作为调剂。否则,再好看的主播,也只会被看作"高高在上的女神"——不好亲近。

善于调节谈话气氛的人,无论遇见什么情况,总能把大家逗笑,从而使得直播在轻松愉快的气氛中进行。这样的主播无论在什么场合,都会受到粉丝的

欢迎。懂得逗乐搞笑的主播永远不用担心尴尬或冷场，而且他们还会把粉丝逗得哈哈大笑，那么自然会有更多粉丝愿意关注主播。

笑和幽默是拉近人与人之间关系很好的方式。正如人们所说："笑是两人间最短的距离。"而幽默作为一种"逗笑"的技巧，也是智慧的表现。具有幽默感的人，不仅能够迅速赢得他人的认可，也能巧妙化解许多人际冲突或尴尬的情境。

要注意的是，逗乐搞笑并非简单地讲笑话。不幽默的主播，讲再多、再好笑的笑话，也只会让粉丝觉得"冷"。幽默其实很难通过模式化的学习方法来掌握，主播必须养成一种幽默的思维方式，并借助几个逗乐搞笑的小技巧。

1. 拒绝庸俗

幽默作为一种智慧，并非简单地说个段子，或是哗众取宠。如果只是单纯逗乐，甚至是刻意表现出低级和庸俗，粉丝只会一时乐乎，但笑过之后，心里却什么都不会留下，甚至可能脸上在笑，心里却在鄙夷。

在现实生活中，很多主播虽然记下了很多的段子和网络热词，但在使用时全然不顾是否恰当，最终给人恶俗的感觉。

2. 适当夸张

适当夸张是逗乐搞笑的一个小技巧。在调节直播气氛的时候，如果能够在话语中适当地夸张一下，就能打破冷场，引人发笑，这也是一种幽默方式。

如果主播在直播时说错了什么，或惹粉丝不开心时，不妨及时地用夸张的语言缓解氛围："你可千万不敢生气，你一生气，我的魂儿都飞到千里之外去了，到时候你可得救我啊！"这简单的一句话，就能避免气氛尴尬，甚至能让粉丝立刻大笑起来。

3. 巧用歇后语

歇后语也就是俗称的俏皮话，很多歇后语会令人忍俊不禁，如果运用得当，这一小小的幽默，往往就能博得他人一笑，使得直播气氛活络起来。但歇后语的使用却要注重场合，且避免使用陈旧的歇后语，如"三九天穿裙子——美丽动（冻）人"。

很多机智的主播，会在直播过程中临时创作歇后语，比如"蝙蝠身上插鸡毛——算什么鸟？""茶壶里的水——滚开""钢丝穿豆腐——别提了"。歇后语的作用就在于，前半部分造成悬念，后半部分反转、引人发笑。

主播如果缺乏临场创作歇后语的机智，不妨在平时注意收集，或是自我创作。

4. 突破常规

幽默，其实是智商的外化。因为，真正的幽默必然具有一定的内涵。简单来说，在幽默时，主播可以突破常规，给粉丝更多的信息量，或推翻粉丝的固有逻辑，从而达到效果或者"笑果"。

经典喜剧片《东成西就》中就有这样一个情节，我每每想起都会发笑。

周伯通在得知追寻的目标住在天字一号房时，想当然地要了天字二号房，于是，在店小二将其带到天字二号房时，有这样一段对话：

店小二："这一间就是天字二号房了。"

周伯通："那天字一号房在后边了？"

店小二："不是啊。"

周伯通："在那边了？"

店小二："也不是啊。"

周伯通："到底天字一号房在哪一边啊？"

店小二："在那边，再那边，再过那边下楼梯，再上楼梯，楼上第二间就是了。"

　　周伯通："怎么天字二号房不是在天字一号房的隔壁吗？"

　　店小二："怎么？有人告诉你，天字二号房是在天字一号房的隔壁吗？"

　　在生活中，人们总是习惯于用简单枚举、归纳推理的方法处理日常事务，因而也很容易陷入经验主义的陷阱。此时，主播就可以利用这一点，从更多的角度给出合理却突破常规的逻辑，既能展现自己的智慧和幽默，也能发人深思。

5. 巧用自嘲

　　很多主播逗乐搞笑的手段，是拿别人开涮，或拿某一群体开涮，这种做法其实很不明智。因为一旦玩笑开过了，就容易得罪人，或显得主播"没品位"。为了规避这样的风险，主播不妨通过自嘲的方式来调节气氛。

　　巧用自嘲，主播也就掌握了制造愉快气氛、摆脱尴尬的能力。其实，自嘲也是主播对自我进行认知的方法。

6. 符合情境

　　幽默也是情商的外化，就是因为这种处理手法并不适用于所有人或所有情境。比如店小二与周伯通的对话，就绝不可能发生在上下级之间；此外，主播也要考虑粉丝对幽默的接受程度。

　　①粉丝是否将之看作幽默？ 幽默者最尴尬的处境就是，当主播自以为幽默时，粉丝却将之看作嘲讽或是庸俗。就像店小二与周伯通的这种对话，或许也会引起周伯通的恼羞成怒："什么店，连号的房间隔这么远？"

　　②粉丝能否理解其中的幽默？ 在幽默的语言当中，通常蕴含着一定的信息量，或者称之为"梗"。如果对方无法理解，那么，也就难以达到幽默的效果。

7. 看菜下碟

主播逗乐搞笑的动机当然是好的，只是为了热场，营造欢乐气氛。但如果主播没有注意玩笑的分寸和尺度，则会被看作"情商不足"。

有些男性主播就会以"幽默"为幌子，对女性粉丝说些没底线的下流玩笑，粉丝生气时，他们又会淡淡地说一句"开不起玩笑"。此时，如果对方直接拉黑举报，那也只能说是主播自找苦吃。

对待性格不同的人，我们也要学会看菜下碟，见什么人说什么话。

比如《奇葩说》节目中，主持人马东对待各位辩手的态度也不尽相同。心直口快的范湉湉有时会问马东："你能不能对我好点？"而马东的回应则是："不黑你黑谁？"这样一句话，却让范湉湉十分受用，也营造出了欢乐的综艺氛围。

04　预报直播内容，让粉丝留下来

开场环节更多的是主播通过"说学逗唱"调动直播间气氛，却没有太多的干货，此时，为了让粉丝留下来，主播可以适当预报直播内容，引起粉丝的好奇。

预报直播内容的核心就是"吊胃口"，当主播吊足粉丝的胃口时，粉丝也会对后续的直播内容充满好奇。但如果是纯粹的吊胃口，反而会使粉丝失去耐心，产生逆反情绪。

有位主播是这样预报直播内容的："大家想知道后面的直播内容吗？"粉丝纷纷回应"想！"主播又接着说："现在就说出来好吗？"粉丝说："好！"

主播又说道:"真的好吗?"粉丝们不说话,走了……

在预报直播内容时,主播要把握其中的尺度,让预报真正发挥应有的效用。

1. 隐藏关键内容

预报直播内容时,主播可以说出后续的内容框架,但却要注意隐藏关键内容,如图 3-1 所示,从而吊住粉丝的好奇心,让他们坚持观看直播,期待关键内容的出现。

图 3-1　如何隐藏关键内容

①**隐藏曲目**。对大部分歌唱类主播来说,粉丝都知道主播的主要直播内容就是唱歌,但究竟唱什么歌呢?主播可以在开场时就做出提示,但要隐藏具体曲目。

比如"今天我要唱一首周杰伦的歌,虽然我的粉丝里有很多周杰伦的歌迷,但这首歌可能只有很少人听过,我很喜欢这首歌,虽然它很难唱。"

②**隐藏舞场**。舞蹈类主播,则可以在舞场上做出新意。在粉丝见过太多户内舞蹈时,主播可以选择户外直播,并隐藏舞场,引起粉丝的好奇心。

比如"今天这么好的天气,怎么能闷在家里呢,我决定带大家看看户外的风景。大家猜我会去哪里直播呢?同城的粉丝朋友一会要注意保密哦!"

③**神秘嘉宾**。有些主播会选择邀请嘉宾共同表演,来借助嘉宾的吸引力增加直播间的流量,此时,主播则要隐藏好神秘嘉宾的身份。

比如"接下来我会与一位神秘嘉宾共同表演一个节目,他是很多人眼中的'歌神',也是我心中最帅的男神,粉丝们一会不要太惊讶哦!"

2. 让直播内容联动起来

是什么能让人每晚八点准时坐在电视机前呢？当然是黄金档的热播剧。主播要让粉丝留下来，同样需要让直播内容联动起来，把直播制作成一出欲罢不能的连续剧。每次直播开播，就是一集新的剧集，粉丝当然会一直追下去，到时候，我们的直播也会变成连载 10 季的热播剧。

这时，主播的直播内容预报就是这样："上一期我唱了林俊杰的 5 首好歌，这一期，我将继续唱完林俊杰的十大金曲，大家可以猜猜这一期是哪 5 首呢？"

①设计直播内容。要让直播内容联动起来，主播就要做好设计，摆脱"期"的概念，而是以"季"的理念来设计直播内容，比如林俊杰十大金曲、杭州打卡地热舞。

②注意粉丝反馈。根据粉丝的反馈，主播同样需要对节目内容进行及时调整。如果粉丝不想看杭州自然景区的热舞，则主播可以及时调整到网红商区。

3. 预报活动内容

只要主播具有一定的特色，粉丝在第一次观看直播时一般都会产生一定的新鲜感，可能会点下关注，甚至送出几个小礼物。但看上三五次之后，粉丝也会感到腻味，从而转到别的主播那去。

正因如此，预报直播内容就是要告诉粉丝：我这期节目很特别、很新鲜，留下别走。前面说的隐藏曲目、舞场或是邀请神秘嘉宾，都是为直播增加新鲜感的手段。

但如果直播内容难以做出太多新意，主播也可以在直播中加入更多的活动，如猜谜发红包、整点红包雨等活动，用红包来留住粉丝。

05 点名粉丝，引发好奇

开场不是主播的个人秀，主播应当更多地让粉丝参与进来，这样，粉丝才能感到被重视。与其一个人自说自话，主播不妨点名粉丝，引发粉丝的好奇。

当粉丝被点名的时候，他的第一反应大概是错愕，但接下来，粉丝就会陷入好奇与虚荣交杂的情绪："点我名要做什么？为什么是我？"这种情绪同样会传递到其他粉丝："点他名要做什么？为什么是他？"

简单地点名粉丝，主播就能抓住所有粉丝的注意力。

但要注意的是，当主播通过点名粉丝引发好奇之后，就要让粉丝的好奇情绪得到释放。否则，粉丝只会感到被戏耍。

比如当主播点名某粉丝"××你在吗？"，粉丝回应了一串"？？？"之后，主播却来了一句"在就好，没事了。"粉丝们大概就会一副"问号脸"，然后关掉直播。

在点名粉丝之前，主播就要准备好与粉丝交流的话题。尤其要注意的是，粉丝大多可能比较被动，因此，主播一定要掌握好聊天的节奏，用有趣的问题让聊天进行下去。

1. 避开隐私，切忌过于具体

主播点名粉丝不是为了调查粉丝的户口，只是为了引起粉丝好奇，调动直播间气氛。如果主播在点名粉丝之后，就接连问出"上班没？买房没？全款还是贷款？贷款多少年？"粉丝的错愕大概会变成震惊："这是要相亲？"

点名粉丝之后的提问切忌过于具体,更要避免涉及粉丝的隐私。

①**避开隐私**。和粉丝聊天时要避开隐私,尤其忌讳打听对方的感情和薪水,感情好坏与主播无关,而薪水高低则涉及粉丝面子问题,更可能引起粉丝的警惕:"是不是觊觎我的收入?"

②**切忌过于具体**。即使是不那么隐私的问题,主播也要避免问得过于具体,以免引起粉丝反感,同时也要避免粉丝喧宾夺主。

2. 有来有往,让粉丝有参与感

点名粉丝,是为了调动直播间气氛,但粉丝不是主播的道具。如果主播在点名粉丝之后,只是一记"十连问",却不顾粉丝的需求,那不如不点名。

①**设计问题**。点名粉丝并非只是与粉丝的一对一互动,而是要在提问中,让其他粉丝也有同样的参与感。因此,主播在提问前要经过深思熟虑,无论粉丝如何作答,主播都能掌控问题,并以此调动直播间气氛。

②**互相提问**。在提问粉丝的同时,主播也要给粉丝提问的机会,让其他粉丝参与互动,并借此传递主播的性格和想法。

比如"现在你也可以问我3个问题哦。不要急,慢慢想,你有3分钟的时间。其他粉丝有什么建议也可以弹幕刷出来哦!"

3. 引导问题,掌控直播节奏

很多主播对与粉丝互动的担忧,就是失去直播节奏的掌控。一旦粉丝拿到话题的控制权,就可能将直播带偏,这时主播就不得不强行将话题拉回来,这多多少少会影响到直播的效果。

因此,主播必须妥善设计问答环节。

①**问答设计**。在点名粉丝之前,主播就要根据主题需求,找到合适的关键词和时机,设计出一系列的问题与答案,从而推动直播内容的展开和推进。

问答可以设计在内容转折、过渡或递进的部分,比如"为什么""怎么办""未来会如何"等。

②**发起提问**。主播向粉丝主动发起提问，由粉丝进行解答。此时，提问的内容应较为简单，或具有发散性，以免粉丝无法回答，导致冷场。

比如"你今天的心情怎样？想听什么类型的歌呢？"或者"看到人家这身打扮，你会想到什么？"

③**被动回答**。当主播让粉丝提问时，可以在回答问题时有意识地将内容引导向接下来的直播。

主播："你有什么问题想问人家吗？"

粉丝："你有男朋友吗？"

主播："这么直接的嘛！这样吧，这个问题的答案，我会用一首歌来回答，看你能不能懂我哦……"

06　主播开场金句集锦

开场，是调动直播间气氛的开始。虽然时间不长，但作用却极为重要。一个完美的开场，不仅能调动直播间气氛，更能展现主播风采、赢得粉丝认可；反之，一个糟糕的开场，却能将直播间气氛降至冰点，让粉丝从一开始就对直播失去兴趣。

每位主播的风格不同，其开场方式也有所区别：有的主播口若悬河、有的主播吹拉弹唱、有的主播卖萌撒娇、有的主播逗乐搞笑……无论采用何种风格的开场方式，只要粉丝买账就是好的开场。

开场方式虽然各式各样，却也有套路可循。主播在设计开场白时，可以借鉴以下主播开场金句，将之融入自己的开场白中。

1. 新人自我介绍

新人主播的开场往往可能存在各种缺陷，为了避免这些缺陷导致粉丝离开，新人主播可以在自我介绍时就做好铺垫。

① "欢迎大家来到我的直播间，这是我开始直播的第 3 天，希望大家多多支持我！"

② "我是一名新主播，还有很多不懂的地方，有做得不好的地方还请多多见谅！"

2. 调动直播气氛

开场的核心目的是调动直播气氛，主播需要尽量让粉丝参与互动，即使只是刷个弹幕，都是一种支持。

① "进来直播间的是美女，还是帅哥呢？刷刷弹幕让我看到你哦！"

② "到 100 个粉丝的时候我们来一波福利好不好？"

③ "爱心走一走，活到 99！"

3. 引导粉丝关注

关注量是衡量主播价值的重要指标，也是影响直播间推荐度的关键要素。

因此，在用各种开场技巧成功调动起直播间气氛后，主播就要引导粉丝关注。

①"没点关注的哥哥们，动动你们发财的小手点关注啦！"
②"一分喜欢点关注，十分喜欢刷礼物！"
③"万水千山总是情，点个关注行不行！"
④"点关注不迷路，主播带你走上幸福路！"
⑤"××是个宝，丢了不好找！"

4. 号召粉丝送礼

凭借出色的开场技巧，当主播已经调动起直播间的气氛，让粉丝认可主播时，主播就可以号召粉丝送礼。但要注意，开场时的礼物只是开胃菜，主播无须过于直白，以免引起粉丝的反感。

①"如果大家觉得我唱得还不错的话，礼物可以走起来，一分也是爱哦，我非常需要我们家宝宝的关爱和鼓励，谢谢大家！"
②"小喜欢送礼物，大喜欢上特效，把持不住开守护，事不宜迟赶紧行动！"
③"点关注、不迷路，一言不合刷礼物！"
④"有钱的捧个钱场，没钱的捧个人场，空闲的捧个留场，喜欢的捧个情场，最重要的，是给你们一个笑场！"

Part4

聋子旁边不说聋，跛子旁边不说跛

直播当然不只是唱歌、跳舞、玩游戏。事实上，粉丝看直播更多是为了与主播互动、和主播聊天。这就需要主播具有较高的聊天技巧。可惜的是，有些主播甚至不具备基本的聊天能力。"聋子旁边不说聋，跛子旁边不说跛"，就算主播不能做到舌灿莲花，也要避开基本的聊天忌讳，避免因为不会聊天而失去粉丝。

01　上什么山唱什么歌，在什么直播间说什么话

虽然每位主播都想成为"男女通吃、老少咸宜"的万人迷，就如很多大主播一样能掌控各种场合。但现实却是，主播只要能和自己的粉丝群体聊到一块，就已经需要付出莫大的努力。

歌手如果能上什么山唱什么歌，意味着他的歌单足够丰富。

主播如果能在什么直播间说什么话，说明他的话题足够多。

然而，主播怎么可能掌控娱乐八卦、时政新闻、体育竞技、家长里短等各种话题呢？既然主播的话题库不可能如百科全书一般丰富，那么，主播就要瞄准目标粉丝的特点，熟悉他们感兴趣的话题。

俗话说"物以类聚，人以群分"，不同的人关注的东西自然也不同，所以，和不同的人聊天，话题都会不一样。简单来说，主播可以把粉丝按照性别、年龄、兴趣等各种特征进行分类。

1. 男性粉丝

男性粉丝大多比较理性，所以不喜欢聊婆媳纠纷、家长里短的话题，而时政新闻、体育赛事却可能是多数男性的共同话题。对此，主播可以找到自己偏爱的话题，比如篮球或足球。

想要赢得男性粉丝的喜爱，主播就要多关注这些内容，在和粉丝聊天时才会有更多的谈资。

2. 女性粉丝

女性粉丝恰与男性粉丝相反，她们偏向感性，更加关注娱乐、肥皂剧，时下的各色"小鲜肉"更是女性粉丝的最爱。对此，主播要做的就是刷剧，了解女性粉丝感兴趣的各种话题。

但要注意的是，在追星这个话题上，主播一定要严谨表态，避免在直播间引起战争。虽然这会为主播带来不少流量，但也会使直播偏离主题。

3. 年轻粉丝

年轻人有年轻人的圈子、有年轻人的谈资。年轻粉丝永远站在流行时尚的最前沿，如果主播不仅无法跟上潮流，而且话题十分老旧，那就会失去一大批年轻粉丝的支持。

①**关注流行元素**。每一年，甚至是每一段时间的流行元素都不同，主播必须跟随时尚的步伐，走在时尚最前沿，尤其是在着装、妆容等方面。

②**善用网络流行词**。信息时代各种网络流行词层出不穷，昨天的流行词，可能在今天就会显得过时，因此主播要注意善用网络流行词。

4. 涉猎广泛

如果不能做到专精，那就要变得广博。主播并不总要成为话题的主导者，也可以成为话题的引导者。

和粉丝聊天时，关键是要有谈资、有话题。谈资越多，主播能和粉丝聊得就越多，而且还能"兵来将挡，水来土掩"，无论对方聊什么，你都能接上一两句，并引导他们继续说下去。

①**热门影视剧**。美剧烧脑、韩剧催泪、日剧治愈……无论男女老少都有自己喜欢的影视剧，主播最好紧跟时代潮流，对热门影视剧及其热点话题保持关注。

②**微博热搜榜（朋友圈热点）**。微博、微信是如今最重要的两大社交平台，如果某一话题成为微博热搜或朋友圈热点，那这些话题就是主播必须涉猎的

对象。

③季节性话题。一年四季的变幻，也会带来一些有趣的话题。比如春天穿搭、夏天减肥、秋天旅游、冬天吃喝等。主播应当抓住这些季节特定的话题。

广泛地获取粉丝可能感兴趣的信息，是主播每天都要做的功课。日积月累下来，主播自然会拥有越来越多的谈资。届时，无论在什么样的直播间，主播都能表现得体、引人关注。

02 巧妙避开敏感话题，顾左右而言他

主播与粉丝的聊天看似欢乐，但在很多主播看来，或许更像是一场你来我往的见招拆招。在这样的过程中，敏感话题则是每位主播都必须面对的困局。

直播很多时候就是为了满足粉丝的一种"偷窥"欲望，让粉丝可以窥伺主播的生活细节。而在这种局面下，粉丝也更热衷于聊些涉及主播隐私的敏感话题。

"三围多少？""有没有男友？"是女性主播经常遇到的敏感话题。与此同时，关于时政、八卦的表态，同样可能会使直播间氛围变得紧张，甚至因此违规被封。但在直播环节，如果对粉丝的话题置之不理或大为光火，同样会让直播间冷场。

此时，主播要做的就是巧妙避开敏感话题，学会顾左右而言他。

1. 兜圈子

有时候，当粉丝的问题过于尖锐，主播不想正面回答时，就可以选择避重

就轻，巧妙地兜圈子，把敏感话题在不知不觉间迂回地带过去。

主播在遭遇敏感话题时，一定要记住：含蓄往往比口若悬河更可贵。与其用大段的话做无用的解释，不如含蓄地兜圈子，让敏感话题的讨论就此停止。

比如当粉丝追问"三围多少"时，不如含蓄地表示"大小无所谓啦，适合自己的才是最好的"，这样的回应远比"哎呀，这是隐私哦"更加直接，除非主播想与粉丝更进一步探讨这个话题。

当粉丝询问"有没有男友"时，则可以爽朗地"怼"回去："是游戏不好玩，音乐不好听，还是主播不好看？为什么要急着谈恋爱？"

2. 移花接木

面对难以做出回应的敏感话题，主播也可以绕开这个话题去谈其他相关话题。比如婚姻话题可以转变为蜜月话题，时政话题可以转变为八卦话题，站队话题则可以转变为赞美话题。

日本著名演员中野良子首次来上海参加艺术活动时，记者们十分好奇时年35岁的她准备何时结婚。虽然话题敏感，但中野良子却十分友好而机智地答道："当我结婚时，我一定来中国度蜜月。"

移花接木是主播避开敏感话题的必备技巧，既能够让主播避开敏感话题，也不会使话题终结、场面变冷。

3. 还施彼身

向主播发起的敏感话题，往往对大多数人来说，也是很难可以畅所欲言的话题。粉丝之所以提出这样的话题，无非是为了满足他们"偷窥"的欲望，此时，主播也可以将敏感话题还施彼身，让粉丝知难而退。

面对"准备什么时候结婚"的话题，主播不妨直接回应："你想娶（嫁）我吗？如果是你的话，我会认真考虑哦！"

每位主播的敏感程度和敏感点也有所不同，但都免不了会遭遇粉丝提出的敏感话题。此时，主播切忌支支吾吾或恼羞成怒，而应该学会巧妙地避开敏感话题，维护直播氛围。

03　轻易不要对粉丝说"你错了"

主播与粉丝的沟通关键在于开心。只有聊得开心了，才会拉近彼此的关系，让粉丝更愿意关注主播，因此，主播必须尽量避免聊天中的不愉快。然而，主播若是与粉丝聊得投机还好，一旦一言不合，观点不同，一些性情耿直或是脾气大的主播，就极容易和对方发生争吵，急着否定对方，有时，简单的一句"你错了"就会使一场聊天闹得不可开交。

且不说粉丝的观点是否真的错了，如果主播确实有不同的意见，完全可以先肯定对方："你说得对，有一定的道理，不过我认为……"然后再表达自己的意见，这样粉丝也更容易接受；假如主播直接否定粉丝的观点，即使主播说得对，粉丝也难以接受，而且还会产生不满情绪。

要知道，没有人会喜欢自己被否定，每个人都渴望得到别人的认同。尤其是在直播中，主播的一句"你错了"很容易会让粉丝感觉面子上挂不住，甚至会想："你算哪根葱？轮得到你来对我指手画脚？"

在聊天中，顺着别人的话说，才能获得对方认同、快速融入群体。直播时，主播即使想表达自己的意见，也应该先肯定对方。只有这样，才会有更多的粉丝愿意和主播互动、交流。

更何况直播间里谈论的话题，大多都没有所谓的正确答案，对此，主播就更不能直接否定粉丝。

我曾见过一位主播与粉丝聊到"先成家还是先立业"的话题时，一位铁粉就坦言："应当先成家，再立业，只有后方稳了，前方才能打胜仗。"此时，另一位铁粉立马跳出来："你错了，男人没有家的牵绊才能更好地奋斗，而有了更好的事业，才能给喜欢的人幸福！"两人就这样吵了起来。

就在场面愈演愈烈时，主播赶紧插话道："先成家还是先立业其实都看个人想法，像我现在既穷又单身，就不用考虑这样的问题了。"

直接的否定只会激起粉丝的情绪对立，此时，场面也将脱离聊天的氛围，而变成一场针锋相对的辩论："无论你说得有没有道理，我就是要否定你。"

主播在与粉丝聊天时，轻易不要否定粉丝的观点。如果真的想要否定，那就拐个弯吧！先说句"你说得对"，又不会损失什么，还能避免引起对方的不愉快，何乐而不为呢？同时，注意以下两点，也能有效避免直接否定带来的负面效应。

1. 避免使用否定性词语

在聊天中不使用否定性词语，会比使用否定性词语的效果更好。道理很简单，所有人都希望别人肯定自己，而不是被否定。因为使用否定性词语，会让人产生一种被命令或被批评的感觉，不易被人接受。

如"我不同意你今天去北京"这句话，我们换一种说法："我希望你重新考虑一下你今天去北京的想法。"这样表达自己的观点，没有直接否定别人，对方会比较能接受，获得对方认同的可能性也更大。

2. 含蓄且幽默的否定

生活中充满矛盾，在和粉丝聊天时，一旦遇见了意见相悖的情况，如果主播直接否定别人，难免会引起对方的不满。所以，为了顾全粉丝的面子，不伤和气，主播可以选择一种含蓄幽默的方式去表达。例如，明天天气不好，可能会下雨，但对方坚持要去郊游，你就可以幽默地对他说："若是明天下雨的话，可别打电话让我给你送伞哦，不过想想，雨中漫步也挺浪漫的，哈哈！"这样一句话，既表达了你对他的计划的不赞成，又不会让对方反感。因此，聊天是一门学问，只有你掌握了一定的技巧，才能更好地与粉丝沟通。

直播是一场心与心的交流，只有真诚相待，才能拉近彼此之间的距离，与对方成为朋友。所以主播要学会换位思考：如果是你，你一定也不喜欢别人一丝情面不留地否定自己吧。所谓"己所不欲，勿施于人"，你在否定别人时，也要谨记，先说句"你说得对"，然后再表达自己的观念，才能避免不必要的争论。顺着粉丝的话说，主播才可以获得粉丝的认同。

3. 先说"我懂，我明白"

粉丝在表达观点时，必然有自己的考虑和想法。虽然粉丝的看法可能有局限，但主播却不能简单地说一句"你错了"去否定粉丝。

相反地，主播可以先说一句"我懂，我明白"，对粉丝的观点表示理解，再进一步表达自己的看法。但此时，也要使用委婉的表达方式，避免破坏粉丝的心情。

即使主播要表达的看法与粉丝截然相反，也要尽量顺着粉丝的话来说，让两个看法听起来不会过于对立，以免引起粉丝的反感。

04　如何让粉丝觉得主播的想法就是他自己的想法

很多主播为了表现自己的口才或价值观，总是喜欢在粉丝面前喋喋不休，让粉丝插不上话；而当粉丝说话时，有些主播又总是喜欢插嘴打断粉丝，似乎想要表现自己的"控场"能力，向粉丝推销自己的想法。

但主播们却忽略了粉丝看直播并非为了听说教，如果是脱口秀主播尚可接受，若是其他类型的主播，这种做法只会让粉丝反感。

其实，真正会说话、会推销的主播，不仅需要练就一副好口才，更应该在不知不觉间传递自己的想法，让粉丝觉得是他自己的想法。

为此，主播可以使用一个小技巧，那就是在说话时多用"咱们""我们"。

千万不要小看人称的运用，有时人称运用的好坏，直接关系到主播能否快速获得对方的认同。如果留心的话，我们会发现，在人际交往中，有些人在聊天时总喜欢用"你""我"来表达，这样的人称代词天然会造成一种距离感。

与之相对的，多说"咱们""我们"却能够产生一种"自己人效应"。所谓"自己人效应"，就是一种彼此影响下的心理现象。善于交际的人会利用"自己人效应"，在对方心中建立起归属感，以达到融洽双方关系的目的。

所以，有的时候，一句简单的"咱们""我们"，就会使主播的观念更快被粉丝接受。

为什么仅仅使用"咱们""我们"两个字就会起到这样的效果？这就像一场网球赛，"我"和"你"位于球网的两边，而"我们"则是站在同一边的队伍。

同时，群体归属感是人的一种基本心理需求。当主播用"我"来表达或侃侃而谈时，会给粉丝一种以自我为中心的感觉，而粉丝只是站在球网的另一边的队伍；当主播用"你"来表达时，又会让粉丝觉得主播是在刻意和他人保持距离，缺乏亲切感。只有主播用"我们"或"咱们"来表达时，才能够强化"自己人效应"，使粉丝觉得与主播在同一队伍，而不是独立在外，此时，主播的想法也就能够轻易地传递到粉丝脑中，让粉丝觉得是他自己的想法。

1. 强调共同点

主播在使用"咱们""我们"时，其实是为了加强粉丝的共情，让粉丝能够感受到主播的感受，从而自然地接受主播想要传递的想法。为此，主播就要强调共同点，如图 4-1 所示，可以为粉丝营造出一种场景，使自己的想法能迅速得到认同。当然，这样的共同点必须有理有据才行，切忌无中生有，否则就会适得其反。

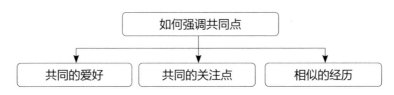

图 4-1 如何强调共同点

没有具体场景就没有共情，但缺乏根据的场景，又会引起粉丝的警惕："我没有这样的经历，不会有这样的想法，你想忽悠我。"

①共同的爱好。爱好是引起共情的关键要素，这是因为爱好本身大多会被贴上情感标签，比如音乐与感性、读书与理性、运动与拼搏。

②共同的关注点。信息时代让人们可以同时获取各类信息，但每个人关注

的信息却有所不同，共同的关注能够引发共同的话题，从而引申出相应的想法。

③相似的经历。主播与粉丝之间需要积极地进行互动，而相似的经历则能让互动变得更加顺畅，比如创业经历、成长经历或游戏经历等。

2. 保持地位平等

多说"咱们""我们"，也能让粉丝感受到平等。而在平等的语境中，主播也更容易引起粉丝的共情。

比如"跟着我干，你一定能干出一番成绩"与"咱们一起干出一番大事业来"，后者无疑比前者更能让人产生认同感。

摄像头前的主播，虽然不是真正的明星，却同样有一层"明星光环"，这会形成一种距离感。而直播行业的鱼龙混杂，也让很多粉丝会时刻保持警惕，避免被主播引导情绪或冲动消费。

因此，要让粉丝觉得是他自己的想法，主播就要用"咱们""我们"来剥离身上的"明星光环"，与粉丝站在同一队伍，如聊家常一般，引导粉丝产生相应的想法。

3. 学会留白

与其直接告诉粉丝自己的想法，不如启发粉丝去思考。这就像一本小说，流水账般的记叙文只会让人感到乏味，设置悬念让读者主动思考，则能让读者欲罢不能。

主播在与粉丝沟通时，同样要学会留白，设置聊天时的悬念，让粉丝自己去思考，这样一来，粉丝对主播的认同感也会加强。

05　不与人争辩，事情没有绝对

说话是一门学问，会说话的人，永远知道怎么把别人不爱听的话说得圆、说得好听。而不会说话的人，却总会口无遮拦地说些别人不爱听的话，或指责他人处事不当，或直言他人缺陷，或不假思索地拒绝别人，也不管对方在情感上能不能接受，容易在无意中得罪别人。

这也是有些主播常犯的错误。在人际交往中，直言直语是一把伤人伤己的双刃剑。虽然有时直言直语的性格也挺招人喜欢，但在直播时，口无遮拦的主播很容易会引起粉丝的反感。

或许有些主播觉得这是真性情、不虚伪，但在粉丝看来，这却是主播在和自己"搞对立"。尤其是当主播带着情绪与粉丝争辩时，更会使场面变得一发不可收拾，引起更大的祸端。

1. 忍住第一句争辩

主播为了展现自己的风格，往往会在直播时变得锋芒毕露，在与粉丝出现看法或意见不一致时，有些主播就会直接进入争辩模式。然而，当主播说出第一句争辩时，这位主播就已经输了。

美国耶鲁大学曾经做过一次长达7年的社会实验，调查各种争辩之后的结果，如店员之间的争执、销售与客户的斗嘴、夫妻之间的吵架等。结果证明，凡是争辩的人，其坏情绪会迅速发展，演变为在言语上攻击对方，而这样的人也绝不会在争辩中获胜。

为此，主播要做的，就是绝对不与粉丝争辩，阻止场面不断恶化。

2.学会倾听

"会说不如会听"，与其与粉丝争辩，主播不如耐心倾听粉丝的想法，并认真记录，分析这位粉丝的特性。尤其是对主播十分重要的铁粉，熟悉他们的特性也便于主播采取更具针对性的维护策略。

①**专心致志**。一个好的倾听者，在听别人说话时，一定会全神贯注、专心致志。只有主播成为一个好的倾听者，才能够紧跟粉丝的思想，听懂粉丝的真实想法，从而在粉丝维护时做到有的放矢，引起共鸣。

②**保持耐心**。倾听粉丝的想法时，主播一定要有足够的耐心，即使主播对粉丝的话题并不感兴趣，也应礼貌聆听，尤其是当对方谈兴正浓时，主播更要耐心地听下去。

当然，如果粉丝的话题实在太过无聊，或偏离直播主题，主播也可以对其做出暗示。但无论如何，切忌流露出厌烦的神色，以免引起对方不悦。

3.控制情绪

很多主播之所以控制不住与粉丝争辩，就是因为粉丝的话使得主播产生了负面情绪，在这种负面情绪的作用下，主播想要通过争辩"击败"粉丝，获取心理上的满足感。

然而，负面情绪必然带来负面言辞，这样的争辩也必然会发展为争吵，导致直播间变成一个修罗场，很多粉丝也会因此被殃及。

①**平复心情**。每位主播都应当具备强大的情绪控制能力，在出现负面情绪时，主播不妨做几次深呼吸，或直接让直播进入放歌环节，从而迅速平复自己的心情。

②**别摆臭脸**。无论情绪有多差、粉丝有多讨厌，主播都切勿摆出一张臭脸，因为还有更多的粉丝在旁观这场闹剧。

4. 事情没有绝对

生活中的很多事情原本就没有绝对的对错，主播与粉丝也不是辩论场上的正反方，争辩当然没有出现的必要。

先有鸡，还是先有蛋？先成家，还是先立业？咸豆浆，还是甜豆浆？面对这些问题，主播不妨在心里说一句"无所谓"。粉丝看直播是为了开心，主播做直播也是为了开心，何必让这些没有绝对答案的事情影响双方的心情。

如果是粉丝误解了主播，主播也只须适当做出解释。要记住，懂你的粉丝，不需要你去争辩；不懂你的粉丝，争辩也无用。

很多时候，主播越是争辩，粉丝越有可能将之看作一种狡辩。而在频繁的争辩中，主播或许能够赢得争辩的胜利，但那却毫无意义，因为主播必然会因为争辩失去粉丝的认可。

Part5

让主播处处受欢迎的 8 个沟通习惯

沟通习惯，是主播之所以受欢迎的基础。如果主播希望和粉丝的关系更加稳固和持久，就要通过不断的沟通来达到目的。拥有良好沟通习惯的主播，更懂得如何维持和改善与粉丝的关系，更好地展示自我，发现粉丝需求，赢得强大的支持力量，开创成功的事业局面。正因如此，主播需要学习和养成良好的沟通习惯，让自己处处受欢迎、时时成热点。

01　微笑：笑是说服人心的核武器

俗话说："面带三分笑，好事跑不掉。"著名作家古龙也说过："爱笑的女孩子，运气不会太差。"微笑的表情能够拉近人与人之间的距离，说服人心。一张刻板的脸犹如面具，即使生来精美，也会被人拒之千里之外。主播要经常面带微笑，才会赢得粉丝的喜爱，赢得流量的比拼。

有位新主播颜值颇高，唱歌、舞蹈的才艺也不错，但她苦恼地找到我，询问自己为什么直播了两三个月，粉丝量始终涨不了。

我要来了她的直播间录像，看了 20 分钟，就发现了问题。

新粉丝说："姐姐，你刚才那首歌真好听。"

主播面无表情地哼了一声："哦，谢谢，这首歌我很喜欢。"

老粉丝说："主播主播，我又来啦！"

她眼睛闪了闪，说道："欢迎×××进直播间，今天怎么有空啊？"

随后，又有粉丝在聊天室发了个段子，其他人纷纷起哄，可主播看到后，只是嘴角扬了扬，用键盘发出个微笑的弹幕表情。

于是我问她："你觉得自己的表情有什么问题？是不是缺了点笑容？"

"没有啊！"她说，"我觉得总是微笑，就像在刻意讨好别人。再说，我一直都不是爱笑的人，我笑点高啊！"

我惊讶地问:"难道你不知道微笑是主播的第二张脸吗?"

其实,颜值水平很大程度来自先天,即使先天不佳,眼下直播平台的修图技术也足够了。但微笑所包含的力量,却不是美颜功能能提供的。

微笑令人心情愉快,是人际交往的润滑剂。日常生活中,没有人愿意看到冷漠的表情,也没有客户愿意为销售员愁眉不展的脸买单。同样,关注主播的粉丝,也希望在与主播的互动中,体会到温暖与愉快。微笑,是最直接有效占领他们心理阵地的武器。

对待粉丝,保持微笑不会有错。具有亲和力是优秀主播必备的条件,微笑是这一能力素养的基础。时常带着微笑,去面对摄像头,主播和粉丝之间的沟通就更加亲近了。

向新人主播解释了微笑的重要性,我随后教会了她几点注意事项。

1. 微笑练习技巧

微笑虽简单,但也需要练习。新主播可以尝试以下的练习方法。

嘴巴开到不露或刚露齿缝的程度,嘴唇呈扁形,嘴角微微上翘。练习时,要把工作和生活中的困难和挫折抛到脑后,集中精力想那些高兴的事情。每天练习10分钟,也可以对着手机摄像头自拍,观察微笑是否自然。

2. 微笑种类区分

爱笑的主播会让粉丝心情愉悦,但傻笑的主播会让粉丝感到无趣。懂得微笑的重要性,还要学会区分微笑的种类,加以正确运用。图5-1,为3种类型的微笑。

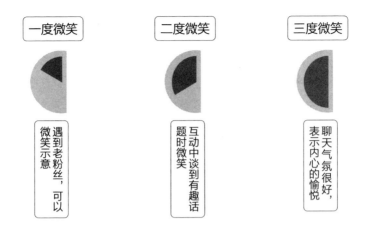

图 5-1 3 种类型的微笑

①一度微笑。一度微笑时嘴角肌上提,有浅浅的笑意。在直播时遇到老粉丝,可以微笑示意,使用一度微笑。聊到比较重要的话题或在其他活动进行的过程中,回应普通粉丝时也可以用端庄的一度微笑,恰到好处地表示欢迎。

②二度微笑。二度微笑时嘴角肌、颧骨肌同时运动。在互动中谈到有趣的话题,可以使用二度微笑,既可以表示对粉丝的认同,也能赢得粉丝的认同。

③三度微笑。三度微笑时嘴角肌、颧骨肌、眼因括纹肌同时运动。当聊天气氛很好,或出现非常容易点燃情绪的笑点时,可采用三度微笑,表示内心的愉悦。

3. 微笑的动作配合要领

要微笑,不要假笑。靠咬筷子训练出来的职业笑容,并不会让粉丝真正喜欢你。相反,像对朋友甚至对恋人那样的自然微笑,才会让你成为最出色的主播。为此,主播应该注意笑容和表情的配合,笑到、眼到、意到、神到,随时统一配合;还应将语言与微笑两者相互结合,在微笑时说出打动粉丝的话语。

02　赞美：恰当赞美并温暖粉丝的8个方法

"口红一哥"李佳琦是无数主播的职业偶像。非凡的销售业绩使他成了圈内名副其实的"带货王"。他的魔力除了清秀的颜值、过人的活力、丰富的产品知识，更在于张口就来的金句文案。仔细品味，其中很多金句都是在赞美粉丝，而并非一味推销产品。

>比如，"走在大街上，别人都想多看你一眼"；
>"涂上它，让男人欲罢不能，让女生嫉妒"；
>"感觉你的嘴巴是水果，男人都想要咬一口"；
>"这支颜色超高级，适合很有气质的女生"；
>"涂上它你的嘴巴就是diamond（钻石）"……

显然，没有人不喜欢这样的赞美，更不用说屏幕前的万千女生。李佳琦能成为销售直播第一人，与掌握这种沟通技巧有很大的关系。

赞美，是对别人的肯定与认可，也能体现主播的自身修养与见识。赞美并不需要贬低任何人，而是根据真实情况，运用恰当的语言，将话语说进粉丝的心窝里。这样，不仅有利于提升沟通效果，拉近和粉丝的关系，还会让主播的个人形象更立体、更富有人情味。

赞美看似简单，但真诚和善且打动人心的赞美却并不简单。主播的年龄、知识、素养、性格各不相同，对赞美他人这一看法也各不相同。有的人平时并不怎么称赞别人，总感觉赞美粉丝很虚伪；也有人虽想称赞粉丝，却找不到准确的切入点；还有人担心，一味赞美粉丝，会显得过于"掉价"。想克服这些问题，提升沟通力，我们可以从以下几个角度学会赞美他人。

1. 称赞"外表"

在直播间，最容易观察的莫过于粉丝的昵称、头像、字体、表情包等"外表"。从这个出发点，主播会比较容易找到值得赞美的部分。尤其是昵称和头像，常常能反映一个人的审美能力和价值观，也是粉丝会引以为豪的特点。

例如，主播看到粉丝用了很可爱的卡通动物头像，可以赞美说："这个头像好萌，你喜欢小动物吗？"这句话随和亲切，并不显得刻意，无论是当事人还是其他粉丝，都会感到心情轻松愉悦，也会觉得主播非常有爱心。

2. 称赞行为

在球赛直播现场，解说员经常会有类似评论："虽然刚才这个球没有进，但球员在无球状态下的积极跑动非常精彩。"这样，就等同于将关注焦点从进球与否引导到行为本身，从而进行赞美。

同样，主播也可以称赞粉丝的行为，比如"礼貌""热情""有素养""守时""绅士风度"等。只要观察到他们真正付出了努力的行为，都可以信手拈来予以赞美。相比之下，有些主播只是赞美粉丝打赏和点赞的行为，就显得眼界过于狭窄、品位过于低端。

3. 称赞能力

在和粉丝互动时，不妨多挖掘其中有特点的个体，找到其特长，再予以夸赞。例如，有位粉丝在直播间聊天时，随口说了句自己晚上做饭给家人吃，烧了好几个菜，有荤有素。此时主播可以顺着话题聊下去，然后夸"年轻女生有这样好的厨艺，真的好厉害！"这样，其他粉丝也会纷纷受到鼓舞，谈起相关话题，沟通气氛也会活跃起来。

类似还有工作能力、说服能力、生活能力等，主播都可以结合直播主题，坦率地加以称赞。

4. 称赞信念

随口表达的想法，经常代表了粉丝内心深处的信念，而这也是他们言谈行为的原动力。由于信念牵涉个人的世界观、价值观和生活工作方式，主播从此处入手进行赞美，很容易被粉丝视为知己。

例如，"你总是这么乐观，充满正能量啊！""最近我也开始注意饮食的健康搭配了，这是受你的影响吧？"等，都能让粉丝感到自己被认可与接纳，对主播的好感度也会大幅增加。

5. 避免模糊

在赞美时，主播应尽量避免使用模棱两可的表述。

有位时尚品领域的女主播，经常为粉丝提供相关的产品信息。有位粉丝刚入手了某品牌的新款提包，兴冲冲在直播间炫耀，并向主播询问其产品质量。主播却只是含糊地赞美说："我觉得还不错吧！"粉丝顿时感到很无趣，沉寂了许久。

该主播自己也觉得冤枉，因为原本打算赞美这款提包，但又想有所保留，结果被粉丝误解了。

其实，使用"还不错""还可以""挺好挺好"这样的词语去赞美，在直播中往往会适得其反，甚至不如实话实说。因为直接发表自己的观点看法，会让粉丝觉得主播诚实、坦率，双方能成为真诚的朋友，而含糊其辞的赞扬，简直就是在敷衍对方。

6. 避免群体夸赞

除了少数集体活动外，主播不应在直播中同时夸赞很多人。一些新主播或性格随和宽容的主播，经常喜欢用同一件事夸奖直播间的多个粉丝。这种赞美会显得非常廉价，被夸赞的人越多，越难以收到效果。

正确的方法，应该是找到不同时机，用不同的方式和内容，去赞美不同的对象。这样，赞美效果就不会大打折扣。

7. 不要明显错误赞美

面对明显不应赞美的情况，主播应极力避免赞美。因为这种赞美不仅让当事人无法感到愉快，还会在很大程度上触碰到其他粉丝的底线原则，影响主播的个人形象。

8. 避免简单赞美

第一个赞美女生像花的人是天才，而第一万个这样说的人则是笨蛋。简单、庸俗的赞美，听上去完全不"走心"。

为了打造更好的赞美效果，主播应该拓展个人知识面，在业余时间钻研粉丝群体中最主要人群的实际特点和心理需要，针对性地设计别出心裁、耐人寻味的赞美文案，用一两句精炼的比喻、夸张、反问，来提升赞美的新颖性，传递耐人寻味且令人印象深刻的温度感。

03　幽默：幽默一下，融洽自在

从事主播工作，其目的离不开赚钱与发展。如果主播不懂得给予，也就很难获得回报。正因如此，主播就更应积极带给粉丝快乐，让他们忘记生活的烦恼与工作的压力，沉浸在融洽自在的气氛中。

送出欢乐的最好武器，就是幽默。

幽默，是主播思想、意识、智慧和灵感的结晶。幽默风趣的沟通风格，是主播内在气质在语言运用时的外化。幽默能激起粉丝的愉悦感，使他们感到轻松、愉快、爽心、舒适，便于交流感情，在笑声中拉近距离。

幽默，能通过轻松的形式表现智慧、于潜移默化之中显现深刻意义，在笑声中给粉丝以启迪和教育，产生意味深长的美感趣味，让粉丝领略主播的智慧，看到主播的与众不同。

幽默，还能使矛盾双方从尴尬的困境中解脱，打破直播中的僵局，使紧张气氛迅速缓和平息。

在国内游戏主播中，大司马是比较低调的一位。这个中年男人谈不上帅气多金，也没有任何背景，游戏技术也不算顶尖，但自从出道之后，他始终拥有独特的粉丝群体，影响力甚至渗透到游戏圈之外。其中原因，就在于他幽默独特的语言风格。

当年，大司马形容自己穷困潦倒时"红皮鸭子吃三天"的段子，让粉丝们记忆犹新。在直播间里讲解游戏,他也是金句频出,比如"这位同学你很皮""我不是个莽夫,我是一个有灵性的莽夫""你把我想成了第一层,他是第二层,而实际上,我是第五层!"等,引发许多粉丝的追捧。

随着个人风格的形成与传播,大司马的金句构成了互联网亚文化。有粉丝开始打造模仿段子,主动"挑衅"大司马,声称发现他点外卖了,不吃红皮鸭子了,看来是膨胀了。在抖音上,开始频现"回首……掏"等金句。这些都在不同程度地塑造和传播大司马的个人形象,使没有看过他直播的人,也能感受到欢乐与暖意。

想要获得大司马这样的幽默能力,主播应该从以下方面积极着手。

1. 自嘲与讽刺

讽刺是幽默的重要形式,正如相声既是幽默的艺术,也是讽刺的艺术。主播在培养与发挥幽默感时,可以首先从自嘲开始,抓住个人的某些特点,或者夸张讲述经历,凸显自己与众不同的缺点,形成有趣的笑料。这样,就能让直播间的粉丝感到你的平易近人,愿意在直播间驻足观看。

随着粉丝群体逐渐成熟稳定,主播也可以利用和老粉丝之间的信任感,去稍微讽刺粉丝的某些特点或经历,这样反而能让他们体会到与主播之间的亲近与情感。当然,这需要把握好尺度,不能伤害到对方的自尊。此外,如果在讽刺其他人时,不忘补充自嘲,还能发挥更好的效果。

2. 抓住矛盾

根据你对聊天对象的了解,抓住矛盾来运用幽默技巧。例如,主播了解粉丝们的喜恶后,可以委婉利用幽默感来对其中的矛盾进行强化,从而制造笑料。

有位主播经常拿喜欢"养生"的粉丝开玩笑,说"这么晚还在看我直播,是不是泡了杯枸杞熬夜?""喝啤酒没忘记放红枣桂圆?"等。这就是利用粉丝言行中的矛盾,制造笑料。需要注意的是,不能总是用少数粉丝的行为矛盾来制造笑料。

3. 鼓励粉丝幽默

在直播交流的过程中，如果只有主播在运用幽默，气氛会很单一。当你看到粉丝中有"段子手"潜质的成员，就应该充分鼓励他们开无伤大雅的玩笑，或者主动请他们分享段子，并参与其中。

4. 多积累素材

移动互联网时代，最不缺的就是各种让人开心的素材。主播应该多利用碎片化时间进行积累，包括浏览笑话网站、刷微博、关注段子公众号、看漫画等，获得能制造笑点的素材积累。当主播拥有越来越多的幽默故事积累时，就能更好地运用幽默。

5. 培养自信

内向的人即便幽默，也不确定自己的幽默感是否会受欢迎。这就是很多主播即便产生了幽默的想法，但不敢随时积极表露出来。其实，主播大可自信地面对镜头，及时讲出自己觉得可笑的事情，即便最开始会犯错，但随着经验的积累，很快就能形成对幽默的感受和表达力。

6. 情绪稳定

流量越大的直播间，出现意外情况的可能性就越大。一个成熟的主播，不会让个人情绪由于意外情况而随时波动。同样，只有保持情绪稳定，不被少数"带节奏"的观众影响，才能始终展现出强大而亲和的幽默能力，去吸引忠实粉丝的欣赏和支持。

04 提问：问出粉丝的渴望时，直播就成功了一半

生活中，几乎每个人都认识一两个"冷场帝"。无论是线上线下，明明刚刚还聊得热火朝天，却在他们加入聊天后，气氛顿时急转直下，大家各忙各的，交流也宣告终止。

同样，直播间里也经常上演类似的冷场戏码。

冷场并不可怕，可怕的是主播无法应对和解决，甚至自己在不知不觉中扮演了"冷场帝"。尤其是部分新人主播，觉得自己的颜值很高，只要靠脸就能吸引到粉丝的关注，结果反而更容易冷场。之所以如此，在于主播忽视了提问技巧的重要性。

主播们应该都不会忘记新人时的经历。第一次直播，观众不足百人，因为毫无直播经验，1小时的直播过程几乎全部冷场。粉丝提出的最多问题不是"主播多大啦"就是"主播是哪里人"。新主播们只能"乖巧"地一问一答，而粉丝实在从中找不到任何乐趣。

随着经验的积累，有些主播学会去控制直播间。他们除了回答问题，更懂得利用提问来引导粉丝参与到共同话题中。这是因为粉丝来到直播间的最初动力，就是为了消遣时间，如果主播只会被动等待话题，粉丝就会像看电视碰到无聊广告那样，迅速用遥控器解决问题。

哪些提问技巧与内容，能够击中粉丝的心底，问出他们的渴望？这需要主

播在日常日常工作和生活中不断搜集，积累丰富的经验。

1. 提问时机

直播中提问的时机很重要，每次直播的前半小时，可以先让粉丝点歌或表演才艺，随后再开始进入提问、聊天环节。每次直播可以围绕两三个话题准备问题，最后 1 个话题的问题提出后，不需要聊完，可留一半下次再聊。另外，直播间人气高涨时，3 天之内不要重复同一话题，避免提问重复。

2. 提问方向

除了提与粉丝兴趣直接有关的问题之外，下面这些内容相关问题很容易让主播受到关注与欢迎。

最新的八卦新闻。

情感小故事。

每天的歌曲或才艺选择。

直播间活动方向选择，如粉丝生日、节假日等。

喜欢一首歌的原因。

脑筋急转弯。

大家一起写诗。

为什么你叫这个网名。

粉丝喜欢的衣服、品牌、食品等。

喜欢玩的游戏。

猜主播的情况（年龄、家庭、学历、兴趣等）。

工作情况。

电影、动漫、小说、时尚话题。

3. 提问的思考

主播提问时能否把控节奏，取决于其观察和思考的水平。有关提问的思考内容，包括两个方面。

首先，要预先针对当天的直播主题准备问题，而不是临时抱佛脚随意提问。有计划的提问将更加高效，还能给粉丝留下成熟、睿智的主播形象。

其次，不能总是照搬事先准备好的问题，而是要根据直播进程和粉丝反馈情况，结合看到、听到以及交流的情况，及时就问题内容做出调整，比如临时增加问题、跳过问题等。

4. 先问要点，再问背景

移动互联网直播，不可能留给我们日常闲谈那样的时间。因此，主播提问不能先从背景开始介绍，按事情的因果顺序去提问，而是要在数十秒内将想要问的问题说清楚。

具体而言，主播应该从一开始就将和问题或结论相关的要点整理出来，引起粉丝的注意。有必要的话，再询问关键的背景情况。如果在进一步交流中，发现还有必要去了解更具体的某方面信息，再有针对性地进行询问，打造出金字塔式的提问结构。

5. 保持问题的连续性，但不要连续发问

提问中，我们应围绕某主题进行展开，并注意前后问题的内在逻辑关系。不应突然提出无关的问题，以免打断粉丝的思路，分散他们的注意力。

此外，保持问题的连续性，并不等于连续发问。例如，主播和粉丝就某款产品沟通时，一连串发问"产品使用了多长时间？觉得怎么样？操作习惯吗？有没有什么建议？"这样的提问方式，如同在审问对方，无形中会造成紧张的气氛。

当然，主播提问并非万能。尽管提问在直播过程中，尤其是在电商类直播的成交过程中，发挥着越来越重要的作用，但只有经过精心设计的正确提问，才能取得最好的效果。因此主播在设计问题时，应注意确保提出的问题总是能引起粉丝的注意，引导他们去思考。同时，还应积极通过问题的解答，获得所需的信息反馈，并进一步拓展话题。

05　互动：时刻记得与粉丝互动起来

众所周知，拥有一技之长的主播更容易成功，但即便没有足够的优势，甚至貌不惊人，同样也能成为优秀主播。只要把握直播的互动规律，每个人都有可能获得属于自己的广大粉丝。

七彩是虎牙平台上的著名主播。他的团队以独有的粉丝互动方式，创造了独特的"绿色直播"模式。为了广泛地吸引和回馈粉丝，七彩每月都将所有的礼物收入以虎牙爵位、游戏礼包、零食以及现金红包的方式赠予粉丝。这种互动方式直接让粉丝获得收益，获得了"实力宠粉"的美名。

和粉丝互动并非只有送礼物这唯一的选择。任何有所成就的主播，都能在播出时间段内安排不同的互动技巧，让粉丝愿意留在其直播间。

1. 开播前互动

开播前10分钟，是互动的关键时间段。主播应该对新进入的用户表示欢迎，与老粉丝打招呼和问好。尤其是新人主播，在刚开播的一段时间内，应该尽可能多和新进入的用户介绍自己的特点,加深所有人对自己的印象。

2. 才艺互动

开播 15~40 分钟内,主要展示个人才艺。当直播间的粉丝开始刷礼物时,主播可以用唱歌、跳舞、乐器演奏等方式,展示个人才艺,作为沟通内容。如果只是新人主播,即便没有粉丝刷礼物,也千万不要气馁,而要坚持展示才艺进行沟通。

新人主播应认识到,直播前期的才艺互动,重在坚持和积累人气。如果缺少积极展示的热情,游客进入直播间,看到的只是乏善可陈的互动内容,缺乏应有的活力,就会选择直接离开。很少会有人愿意留下来观看直播,更不用说积累粉丝,获得商业利益。

3. 聊天互动

直播的 40~60 分钟,应积极开展聊天互动。利用聊天,进行恰到好处的互动和交流,能最快消除主播与粉丝之间的陌生感,也能打造留住游客的最佳直播环境。

为了让聊天内容丰富有趣,主播平时需要多累积有趣的段子、及时了解社会热点话题,将之引用融入互动中,引发大家的聊天兴趣。

如果条件允许,还可以与知名主播连麦,从而迅速引流,提高自身人气,也是非常高效的聊天互动方式。

4. 游戏互动

直播的 60 ~ 80 分钟,可以进入游戏互动环节,在直播间内开展有趣的互动小游戏。

效果较好的直播间游戏如表 5-1 所示。

表 5-1　效果较好的直播间游戏

序号	游戏名	游戏内容
1	脑筋急转弯	网络上有很多脑筋急转弯，有的具备内涵，也有的重在搞笑。主播可以发布游戏规则，比如最先猜出的人有奖励、猜出最多的人有奖励等；也可以规定猜错的人表演节目，或按照答对者的要求来完成"惩罚"。脑筋急转弯同样适合主播之间的竞赛或连麦
2	抽牌比大小	提前准备好扑克牌，和粉丝进行互动。如果粉丝赢了，可以满足粉丝的小要求，比如表演节目，或做某个小动作等；如果粉丝输了，则应赠送礼物，礼物可由主播自行要求，但价格不应过高 具体玩法是：洗好牌，抽出任意2张，由粉丝认领自己的牌，剩下的那张就是主播的牌，谁的小就输。如果是多人游戏，可先做好调查，统计人数后再发牌，由主播点名，点到名字的粉丝认领扑克牌。全部扑克牌被认领后，即可进行比大小
3	猜歌名	主播提前准备好歌曲音频，最好只有伴奏。游戏活动开始后，播放音乐，指定某粉丝猜歌名。猜对有奖励，猜错或在规定的时间内未能答出，则需要接受惩罚。猜歌名也可以利用另一种玩法，引入多人参与，即先猜出者有奖励 选择的歌曲最好包含流行音乐和怀旧音乐，这样能照顾到所有粉丝和游客的兴趣和知识面。如果想要让气氛更好，最好选择那些所有人都耳熟能详的歌曲
4	成语接龙	无论主播是个人直播，还是进行竞赛、连麦活动，都可用成语接龙游戏进行互动。互动方法是，由主播开始说出第一个成语，然后由粉丝或游客按照头尾相连的规律，进行接龙。出现错误或无法接上时，需要接受惩罚 为降低难度，主播可宣布允许利用谐音字接龙。如提高难度，则宣布任何一方在指定时间内无法接上，即需接受惩罚
5	你比画我猜	主播在摄像头比画出某个东西的轮廓，游客或粉丝竞猜。模拟的东西可以是实物，也可以是虚拟游戏里的物品。当然，主播也可以根据现场情况，选择降低难度或做出提示

5. 再度展现才艺

直播的 80~100 分钟，应回归到才艺互动环节。

经过游戏互动后，直播间的气氛达到一定高度。此时，很有可能增加了新粉丝，主播可以主动询问他们想欣赏的才艺内容，并在呼声较高的选项中，挑选出才艺互动内容。

6. 告别互动

在直播最后 20 分钟，应以互动聊天的方式做结尾。此时，主播可对观看直播的粉丝们表示感谢，包括感谢礼物、关注、支持等。

此时，很多主播已经有了疲劳感，很可能缺乏精力与粉丝互动，而会草草敷衍，急于退出直播。这样容易给粉丝留下高傲的距离感，显得缺乏礼貌和责任心。实际上，能坚持观看到直播最后阶段的粉丝，都是主播的"真爱粉"，缺乏告别互动，显然会损失很大。

在告别互动中，聊天话题应更加轻松随意，包括聊私人生活和未来计划等。在最后 3 分钟，主播应该展示预告页面，发布下一场直播的时间和内容，不仅能够留住铁杆粉丝，也能吸引新的游客届时进入直播间。

无论处于直播的何种阶段，主播都应尽量去关注直播间的每个人。当粉丝刷礼物时，主播必须表达谢意，最好配上适当的赞美语言。

06　故事：不讲故事的主播不是好主播

不要以为视频主播才会"红"，早在 2018 年，讲故事的主播已经凭借耳朵生意月入百万了。

有声书主播紫襟，2012 年入行有声书，以讲悬疑故事闻名。2014 年，他签约喜马拉雅 FM，成为该平台最早的一批独家主播。他的选择，在当时很多同行看来比较另类，那时喜马拉雅、蜻蜓、荔枝、懒人听书、多听、考拉企鹅等多家音频 FM 相继成立，很多同行并不看重这个细分领域，但紫襟却很认可故事直播的发展前景。

紫襟在家里搭了个小录音棚。从每天下午开始录到傍晚吃饭休息，晚上又回到棚里录到凌晨两三点。在录制的故事里，他一人扮演多个角色，每天录 3 小时的成品，每小时能讲述 15000 字的故事。自从入驻平台后，他从未因为个人原因停更、断更过任何一个故事，即便大年三十也会录制几个小时。为了缓解长期演播导致的嗓音疲惫，他的口袋里总是有一盒润喉糖。

在夜以继日讲故事的过程中，紫襟有了数百万粉丝，其中有陈羽凡这样的明星，也有身价几百亿的富豪。粉丝们叫他"紫襟大神"，也有人叫他"纸巾小哥哥"。

紫襟的成功有其特殊性，但生动自如讲故事的能力，也是主播必不可少的能力。善于讲故事的主播，总是会产生无形的魅力，受到所有人的欢迎。

要想将故事讲得生动精彩，应该做好以下 3 点。

1. 把握故事要素

在设计故事时，应准确把握故事的 4 个要素，分别是环境、人物、矛盾和事件。

环境，包括故事发生时的自然环境和社会环境。人物，应区分出主要和次要人物。故事中必须有鲜明的矛盾冲突，可以是人和人之间的矛盾，也可以是人和环境之间的矛盾，还可以是人物内心的矛盾。事件则应如同一条线索，将上述 3 个因素完美地串联起来。

2. 明确故事结构

故事结构有 3 部分，包括开头、高潮和结尾。

（1）开头。

故事的开头很重要，在一开始就要抓住听众的耳朵，这样的故事就能成功一半。可以根据故事的具体内容和所表达的主题来设置故事开头，通常有下面几种方法。

①**悬念开头**。先提出问题或描述奇怪现象，引发粉丝的好奇心。

②**人物开头**。直接介绍主要人物和次要人物的身份特点、性格特征、生活背景等，让粉丝熟悉人物形象并产生好奇。

③**起因开头**。直接介绍事件发生的起始情节，让粉丝迅速进入故事情境中。

（2）高潮。

高潮是整个故事中情绪最激烈、冲突最集中的时刻，设置故事高潮部分有以下方法。

①**人物行动**。故事情节的推动，来自人物行动，想要将故事情节推向高潮，需要有丰富的人物行动。在讲故事时，让人物进入困难境地，并做出非常规行动，是一个很有效的方法。

②**情节变化**。平铺直叙的情节是故事大忌。为了让故事高潮更加吸引人，我们构建故事时应懂得引而不发，让情节有所变化，不断"拐弯"，才能最终让情节在粉丝的关注中走向高潮。

③**运用对比**。没有反差就没有看点。设计故事高潮时，可以运用对比手法，让截然不同的人物，展现出完全相反的行为或态度，效果就会非常显著。

（3）结尾。

故事的结尾或应出人意料，或应回味深长。如果粉丝以为情节的推进方向应向东，而故事却在向西发展，这样就能让他们感到惊奇、有趣。也可以让故事结尾留出想象的空间，便于粉丝进一步回味。

3.讲述技巧

讲述故事时,应注意以下技巧。

(1)表达口语化。

故事是讲和听的,要让粉丝感觉到容易理解。因此,故事语言不但要口语化,而且句子不能太长,避免听上去费力。同时,还应多使用口头语,少用书面语。

(2)内容形象化。

要多使用语言去描写环境细节,将画面展现在粉丝的脑海中。比如:"我坐在地铁上,周围挤满了上班族,我拿出手机瞄了一眼,清楚地记得那时候是上午 8 点 30 分,然后我就看见……"

需要注意,当主播面对的粉丝比较多,或者彼此并非很熟悉时,切忌讲太长的故事,这时候分享的故事应该简短有趣。当粉丝比较小众或者彼此熟悉之后,才可以讲一些篇幅较长或深刻的故事。

07　情愫:建立属于自己的"感动金库"

没有人会长久喜欢扁平形象的主播。只有美丽的皮囊,不足以始终吸引万千粉丝,我们必须要进一步打造有趣的灵魂。建立独特的"感动金库",才能让粉丝发自内心为主播而倾倒。

2016 年,网络游戏《战舰世界》推出了一位实力与美貌兼备的女主播残雪。残雪致力于不断将游戏的乐趣和心得分享给粉丝,她的直播间人气也始终居高不下，成为该游戏最火的女主播。

残雪之所以能取得事业成功，离不开她的军旅情愫。在向粉丝自我介绍时，她说自己在生活中很普通，是个比较喜欢安静的女孩子，最大的爱好是宅在家里看韩剧。

之所以从事《战舰世界》这款游戏的直播，是因为她从小有一个梦想。她和粉丝分享说，自己高中上的是预备役军校，3年全封闭训练。高中毕业后，因为种种原因没有从军，但始终对军事这方面密切关注，而军事类游戏正是对这段人生遗憾的寄托。在玩《战舰世界》前，她已经玩过了4年的《坦克世界》，是军事类游戏的忠实玩家。

只有对军旅生活的向往情感，并不能成就专业全面的游戏主播形象，也不足以让粉丝感动。在和玩家、粉丝的交流中，残雪表现出对战舰知识了如指掌，对游戏特点如数家珍，同时也直言不讳游戏中存在的不足之处，并提出了中肯的建议。凭借这些，她拥有了俘获人心的力量。

每个主播都可以建立属于自己的"感动金库"，而感动点则可以包罗万千。

奇怪君是游戏《和平精英》的主播，但他最打动网友的直播内容，并不是这款射击游戏，而是一款怀旧游戏《植物大战僵尸》。在某次偶然打开这款游戏之后，许多粉丝重拾起儿时回忆，看得津津有味，奇怪君便将这个怀旧环节作为《和平精英》直播后的"彩蛋"内容，赠送给粉丝。最后，甚至根本不需要直播《和平精英》，粉丝们也一样会围观《植物大战僵尸》，人气丝毫没有下降。

受此启发，奇怪君在下播前会隔三岔五地带来花样小游戏，除了《植物大战僵尸》，还有《节奏大师》《8分音符》等，不断地为粉丝换换口味，收获感动。

无论是残雪的军旅情怀，还是奇怪君的怀旧游戏，都是利用"共情"这一武器，丰富了自己的感动金库。

所谓共情，是指在沟通中，利用情绪来扮演中间介质，去感受他人的心理状态。共情既是一种态度，也是一种能力。作为态度，它表现为主播对粉丝的关心、接受、理解、珍惜和尊重。作为能力，它表现为主播能充分理解、关怀、温暖粉丝的心理需求。

残雪面对爱好军事的粉丝，强调军旅梦想，是对他们的尊重和理解。奇怪君面对怀旧玩家，带领他们共同"穿越"，也展现出对粉丝的关心与珍惜。无论面对何种粉丝，积极的共情意识，对培养和维持真挚持久的情愫至关重要。共情能让粉丝更好地接受主播，也能让主播更准确地了解他们，有针对性地为他们提供帮助和服务，顺畅地进行交流沟通，因此对方也就更容易建立良好的互动关系。

在建立自己的"感动金库"时，主播应该怎样利用共情力来传递情愫呢？

1. 了解想法

设身处地，以己度人，这是人际交往中的法宝，也是直播航程中的风帆。设身处地站在粉丝的角度，去体会并理解他们的情绪、想法和需要，进而满足他们的需要，就很容易和他们建立良好的人际关系。

能换位思考的主播，在生活中必然也是人际交往的高手。懂得换位思考的主播，也终将迎来成功。

为了更好地了解粉丝的想法，主播应该利用一切时间，同具有代表性的粉丝进行交流沟通，了解他们的年龄层次、社会背景、经济实力、心理追求等；也可以进入相同类型的主播直播间，更换角色，站在粉丝的立场上去看待主播，去倾听直播间的各种声音。

2. 寻找共同点

为了让共情的力量更强,主播要避免以自我为中心,而要以维护与粉丝的关系为中心。

主播并不是明星。明星可以高高在上,在银幕里扮演王子和仙女。主播必须要接地气,懂得如何化解与粉丝之间事实存在的生活和情感屏障。因此,我们要懂得"扮演"粉丝。

粉丝喜欢吃路边摊,主播就要有一两样自己最喜欢的路边摊小吃;粉丝喜欢汽车,主播就要懂点汽车知识;粉丝喜欢旅游,主播就要有旅游的故事、经历和梦想;粉丝喜欢文艺,主播就要对豆瓣高分书籍和电影耳熟能详;粉丝在职场摸爬滚打,主播就要具备一定的职场生存经验;粉丝如果是青春少年,主播就要努力保持率真的心灵……

当主播和粉丝在价值观、世界观、生活观和思维方式方面的交集越来越多时,粉丝就能感受到与主播之间的共鸣感,就愿意将主播看作朋友乃至家人。当然,这需要主播的持续修炼,换取不离不弃的粉丝。

3. 坦诚自我

优秀的主播,会将每次直播都看作与粉丝的一次约会,而不是不得不做的工作。试想,世界上还有什么样的工作,能让我们和陌生人如此畅快沟通,如此敞开心扉?既然选择了主播这一岗位,不妨多提醒自己,流露真性情,保持真自我。而非为了迎合一两个粉丝,获得一两个礼物,就去刻意伪装。

想拥有感动所有粉丝的共情力,主播必须要充分坦诚。要表露自己的喜好和厌恶,塑造公平、公正的"人设"。面对错误的言行和事情,能大胆抨击。面对美好的事物和积极的能量,也要高声赞扬。当我们成为有态度的主播时,粉丝才会成为有立场的支持者。

08 画面：除了展示，还要给粉丝想象的画面感

每次直播，都不是随心所欲的交谈，而是精心设计的营销。无论是日常直播，还是有特定主题的直播，或者是与粉丝连麦等活动，从本质上看都是比较正式的商业沟通活动。这就要求主播的语言有充分的感染力，通过语言的组织和设计让思想变成文字，再从文字演化为画面。这样，粉丝虽然面对的是窄小的直播间，却能在眼前浮现出想象的画面，感受到直播带来的乐趣。

遗憾的是，许多主播缺少应有的想象力和感染力，他们孜孜以求的唯一目标，只是成为直播间的中心。虽然做到这一点已经不易，但只有引导粉丝的想象，成为他们精神世界里短暂的主宰，主播才能在镜头前获得长久的光环。

为此，主播首先要学会从不破坏粉丝想象的画面开始。

曾经有位知名的主播，采访某知名网站创始人。创始人谈到当年赴美融资失败，非常沮丧，返程中坐在飞机上看着夜空，看着月亮，"很大的月亮挂在黑色的天幕上"。

正当创始人如此感慨万千时，主播突然打断他的话，惊诧地反问："飞机上怎么会看到月亮？"

创始人一时懵了，接不上话，用手比画着："有，有窗户……"

主播恍然大悟："哦哦，对了，靠窗的位子可以看到月亮。"

创始人："……"

聊天互动的过程中，分明出现了良好的画面感，但由于主播缺乏想象力，提出无关紧要的问题，导致画面感被严重破坏。这不仅使得原有沟通气氛不复存在，也破坏了主播的个人形象。

主播的任务是抓住粉丝的注意力。在这个过程中，主播不仅不能破坏粉丝的画面感，同样不能忽视画面感的营造。当下，即便很多成熟的主播，也不懂得如何用简单的词汇去营造画面感，推动粉丝和游客产生共鸣。想要增强这方面的能力，可以从以下几个方面着手。

1. 学会观察事物

主播的学习和进取，并非只能在直播中，而是要"功夫在平时"。在日常生活中，主播要仔细观察周围的事物，尽量去记住和分析鲜明的画面。

例如，在公园里遇到遛狗的老人，"狗"可能是你对可爱小动物的第一联想，但如果进一步了解，你就会发现这只狗可能是苏格兰牧羊犬、圣伯纳、博美、斗牛犬等种类。这样，在你当天直播聊天时，就可以和粉丝具体描述小狗的种类，"一只跑来跑去的博美"，肯定比"一只狗"更容易让粉丝产生画面感。

主播应通过多重渠道了解各行各业的知识和信息，将不同事物以细节进行区分，并养成能够随时随地描述事物的能力。这样，就能在聊天中信手拈来，为粉丝组合成一幅幅印象深刻的画面。

2. 确定具体的表述

主播应有意识地训练确定具体表述的能力。例如，在直播的一段时间（如10分钟内），规定自己必须每句话都包含一个鲜明的事实，或者准确的名词、数字或日期。这样，主播就能逐步摆脱含糊其辞、无关痛痒的聊天习惯，而是采用清楚、鲜明且充满活力的语言，同粉丝进行沟通。

3. 语言形象，避免废话

生活中没有人愿意听废话，直播更是如此。主播或许无法做到总是金句频出，但也应该尽量让语言形象。

"今天我这里天气真好！"这就是典型的废话，难以引发画面感，无法传递真实感受。但如果说"今天，太阳照在身上好舒服！"就完全不同了。粉丝能够理解主播的感受，并产生进一步想象。

为此，主播应有意识地进行自我训练。在想要表达某个意思时，避免用习惯性的语言，要想一想是否这可以用更形象、更容易打动他人的语言来表达。经过一段时间的训练后，主播就会发现自己的语言会更形象、更有意义。

4. 适当表演

主播在和粉丝沟通时，如果能适当利用肢体语言，在声音、语调、手势、体态上模仿和再现所讲的情节内容，声情并茂地加以展现，粉丝就会产生身临其境的感觉，并受到感染与影响。

例如"那天晚上我正睡得香呢，突然一阵电话铃响起来，把我吓了一大跳，差点没从床上翻下来……"在这段表述中，说到电话铃响的时候，主播可以唱出电话铃声的旋律。形容受惊的时候，可以做出模仿翻下床的动作。这样，口头语言和肢体语言就能充分结合，打造出强烈的画面感。

Part6

高手主播的6项修炼

优秀主播与高手主播的差距并非只在相貌、背景和资源方面,更关键的部分在于个人修炼。高手主播会通过日常工作中的不断积累,探寻与粉丝的最佳相处之道,找到双赢的平衡点。这样,就能在直播过程中做到随机应变、游刃有余。相反,如果不懂得抓住契机,不能进一步提升自我的观察与反省能力,就会遇到事业瓶颈,无法获得更多的支持。

01　不要在直播间让粉丝难堪

直播，是主播与粉丝利用互联网交换信息的表达方式，是双方在情感、信息和思想等方面相互影响的过程。主播和粉丝沟通时，并不是将话说清楚那么简单，最重要的是根据粉丝特点、话题、场合进行正确应对，强化双方关系。其原则在于避免让粉丝难堪。

同样面对粉丝的恶作剧，不同的主播采取了不同的沟通方式。

A是一位美食主播，在情人节当天，有位粉丝给他寄送了一盒命名为"原谅套餐"的零食，并要求在直播过程中现场打开。A打开包装后，发现整箱都是绿色包装的零食，包括雪碧、黄瓜口味薯片等。A对着镜头笑了笑，随手将箱子里赠送的帽子戴上了头顶，然后拆开一包薯片大吃起来。粉丝们在直播间笑得乐不可支，纷纷刷起了小礼物。

B同样也收到了这份零食包礼物。他打开包装后，翻弄了一下零食，脸色沉了下来，随即"阴转多云"，直接和粉丝继续聊其他的话题，并没有表露任何对礼物的看法。有粉丝说："主播，为什么不尝尝礼物？"他笑了笑说："尝啥，我怕我会不高兴！"直播间的气氛顿时冷却了下来，那位送出礼物的粉丝也默默退出了直播间。

面对这样的玩笑，B主播显然太过较真，没有仔细考虑应对方法，造成了粉丝的难堪，破坏了积累许久的良好关系，也显得自身度量不足，难以让粉丝群体产生归属感。退而言之，即便B主播想婉拒类似礼物，也应该首先向粉丝表示感谢，态度应诚恳一些，避免产生误会。

直播间的沟通永远是双向的。良好的沟通基础，基于主播能时刻注意维持和粉丝之间的亲密关系，增进了解，相互理解，这样才能让粉丝时刻关心主播。

下面是几个避免粉丝尴尬的沟通小技巧。

1. 转移话题，转移注意力

当直播出现尴尬僵局时，有些性格直接的新人主播，往往会跳过问题，甚至以简单粗暴的语言及态度强行结束话题。实际上，这时不妨巧妙转移话题，分散粉丝的注意力。

具体而言，当出现某个问题让直播间产生对立矛盾，甚至阻碍直播流程正常进行时，主播就需要制造出轻松愉快的话题，以便将原有话题淡化，使僵持的场面重新活跃起来，缓和尴尬的局面。

例如，粉丝之间为了某个问题争论起来，僵持不下。主播可以适当说一句："这个问题想要弄明白，恐怕比我一天涨粉千万都要难。"又如，碰到有人态度不佳，总是针对性批评主播，主播可以自嘲一两句，然后说个笑话，使直播活动顺利进行。

2. 随机应变，适度装傻

"装傻"是化解直播间尴尬的良好方法，能够轻而易举地引导粉丝的情绪，使他们及时摆脱错误的关注点，让沟通重新回归到直播主题上。此外，"装傻"还经常能提供意外的幽默，让粉丝在笑意中修补彼此关系。

"装傻"的另一种形式，是故作心理脆弱。当出现尴尬时，主播可以做出懊悔、痛苦的表情，让粉丝感到你内心的难受，仿佛这样的尴尬已经伤害到你。

在这种情况下，粉丝就不会再纠结已经发生的事情，双方的尴尬也就会不了了之。

3. 避免厚此薄彼

主播尤其应避免当众对不同粉丝给予不同态度，其关键在于"当众"。私下里，对老粉丝应有更多关心，这是完全有必要的。但在公开直播中，明显倾向于一两个或少量老粉丝，会引发其他多数粉丝的不满，并导致矛盾激化。

4. 适度沉默

主播也有脾气和性格，不可能在每次直播过程中都保持完全的理性和冷静。当主播感到情绪波动时，一定要在内心提醒自己，转移注意力，化解不快感受。同时，也可以播放音乐或视频，让粉丝观看，自己则可以暂时保持沉默进行情绪调整，避免一时说出不当话语，导致更大难堪。

02　主播犯了错，要勇于承认

世界上没有不犯错的人，更不用说是普通的"小主播"。相比小心翼翼避免犯错，主播更应留心犯错后的正确态度。

2020年1月，很多网友看到了奇特一幕，某国著名美食主播"奔驰小哥"由于曾在直播中夸大宣传健康食品的效果，决定向所有粉丝道歉。

当天，他先是诚恳地说道："首先我要道歉，在事情发生之后我就应该立刻向大家道歉的,但是当时我没能好好道歉,却在第一时间为所做的事情找借口辩解,真是抱歉。""请原谅我一次吧!真对不起。"随后,他又解释了自己为何关闭了直播频道留言板,承认自己当时不知道该怎么做、感到害怕,而被迫选择了这一方式。

此时,在直播间里,一位网友留言说"(想被原谅的话)哥哥把头放地上吧!(该国体罚文化中特有现象,意为:头顶地、手背后)"

看到留言后,"奔驰小哥"回应说:"如果这样做可以被原谅,我会这样做的。至少为了寻求这位留言者的原谅我也会做。"紧接着,他红着眼眶从座位上站起来,收拾好椅子,把头贴在地上,手背在后面,保持了这个姿势30秒后,才起身再次坐在椅子上,眼角依旧泛红。他说道:"在大家原谅我之前,我将努力展现给大家好的一面。"之后,他再次低下了头。

对"奔驰小哥"而言,这次姗姗来迟的道歉,最终发挥了一定效果,某种程度上挽救了他急剧下滑的人气。我们从中能学到的,就是主播必须及时承认并诚恳改正错误,以免出现更坏的结果。

1. 不找借口

无论错误是否严重,主播都不应该在犯错后寻找各种借口,试图搪塞或推卸过错,并拒绝承担责任。我们应清楚,借口对解决问题起不到任何帮助作用,只能自欺欺人,在无形中破坏了难得的信任基础。

主播应抛弃寻找借口的习惯,勇于承认和分析错误,并为错误承担相应的责任。要积极放低姿态,不要总是将自己放在什么问题都懂的位置上,要敢于向粉丝承认"这个我不懂",并请教和提问。

2. 客观面对"黑历史"

马云可谓顶尖成功人士,但他在一次演讲中坦然承认了自己曾经的错误。

他说,自己有一次非常失败的沟通。当员工问自己,工作和家庭如何平衡时,自己一本正经地讲了很多平衡方法,结果越讲越不对劲。晚上回到家,他选择了和大家道歉,因为他发现确实做不到平衡,连自己也没有办法平衡。

马云能如此面对自己的"黑历史",主播更应有如此心胸。在谈到自己曾经的错误时,我们可能会选择很多错误的处理方式,包括一些貌似合理的"大道理",或者提出无关痛痒的解决办法。相比之下,最好的方法是平静地叙述自己当时是如何犯错的,随后,再讲述自己的现有观点,包括如何看待曾经的错误,打算如何改正等。

3. 征询粉丝的意见

富有亲和力的主播,通常情况下都会比高傲的主播更容易被粉丝喜爱和支持。在直播时,主播不妨多征询粉丝的看法和意见,不论是衣着打扮,还是才艺展示的风格,都可以是讨论的内容。这样,粉丝就会形成随时表达看法的习惯,而不是将对主播的不满藏在心中。

和粉丝互动沟通时,主播还可以结合对粉丝职业、学历、兴趣和知识结构的了解,征询更多专业性的看法和意见。这样,就能通过直播的互动扩大学习范围,搜集有用信息,避免信息不对称而出现低级错误。

03 形成自己的沟通风格

沟通风格,是指主播在沟通过程中习惯化的行为方式,与其个人特征密切相关。每种沟通风格都有其潜在的优势,也有其潜在的弱点。主播想要获得成功,就必须扬长避短,调整思维。

常见的沟通风格有四种,分别是驾驭型、表现型、平易型和分析型。虽然有少数主播形成了典型的沟通风格,但大多数主播的沟通风格还是这 4 种类型的融合,表 6-1 为 4 种沟通风格的优缺点对比。

表 6-1　4 种沟通风格的优缺点对比

序号	沟通风格	优点	缺点
1	驾驭型	注重实效,具有非常明确的目标。在沟通中,这种风格的主播一般精力旺盛、节奏迅速,说话直截了当,动作非常有力,因此很容易向粉丝传递活力感	这种类型的沟通风格有时候过于直率,显得咄咄逼人,尤其是主播更集中于关注自我观点时,可能会忽略粉丝的感受
2	表现型	性格外向热情,充满生机和魅力。这种沟通风格的主播喜欢和粉丝交流,并具有丰富想象力,擅长利用表情和肢体语言,将热情传递给粉丝	这种风格容易导致主播出现较大的情绪波动,显得不够理性、客观
3	平易型	这种主播具有协作精神,对粉丝真诚,甚至能够为了直播效果而牺牲自己的感受。他们对粉丝态度和蔼耐心,能有效扮演直播间里的和事佬角色	有时过多的回避态度反而会让粉丝感到失望

（续表）

序号	沟通风格	优点	缺点
4	分析型	这种风格的主播擅长理智分析，做事严谨而循序渐进，喜欢准确把握的感觉	这种主播在沟通过程中容易表现得不够主动，不太愿意表露自我情感，也不善于运用情绪和肢体语言来影响粉丝

如果一个人具备了全方位的沟通风格，那么他对外的沟通效率自然会提高很多，无论线上线下，成功概率都会增加。对于绝大多数主播而言，必须要学会在主要沟通风格的基础上，融入更多风格色彩，而这离不开思维方式的改变。

1. 学会改变自我的标签

从童年开始到学习时期，再到踏入社会，我们每个人身上都被逐步打上了标签。例如，被周围人评论为"外向"或者"内向"，被看成"学霸"或者"学渣"等。这些标签的力量很强大，导致许多人陷于其中无法自拔，总是戴着有色眼镜看待自己的言行。

主播如果局限于个人已有标签，就很容易形成单一的直播沟通风格。风格的过分单一化，或许会吸引不少基础粉丝，但很快就会遇到事业瓶颈，无法吸引新的粉丝，也难以让老粉丝感受到主播的创新能力。

为此，主播们不妨学会主动改变自我标签，尝试去成为和原本不一样的人，形成新的形象。例如，去从事自己没有接触过的工作，去面对新的朋友圈等，这些经历都会在改变外界环境的同时，改变主播内心的标签。

2. 建立原则

主播应该在直播前确定沟通原则。如果缺乏原则，我们就会发现原有沟通体系会随着粉丝量的增加而变得混乱，新粉丝也不清楚应该用何种方式与主播进行沟通。

在日常直播时，主播可以多和粉丝、游客聊聊自己看待社会、工作和生活的理念，传播基本的价值标准。这样，一方面能够影响他们，另一方面也能表达和形成自己的风格。反之，如果对很多问题的态度似是而非，不予明确表达立场，就很难拥有富有吸引力的角色和立场。

3. 具备营销意识

直播、短视频平台的出现，让普通人在一定范围内走红的可能性大大增加。主播正是这样的一群普通人，在直播中应具备营销意识。

主播应该将粉丝和游客看成自己的"客户"，将直播看成销售和服务，将直播内容看成产品，去提炼自己的沟通风格。这意味着沟通过程中的一切因素，都是为"产品"价值的塑造和"客户"需求的满足而服务的。

4. 注重弱关系沟通

弱关系沟通，是公开场合的沟通链接。除了直播之外、微信朋友圈、微博、QQ群等，都属于弱关系场合。主播不能只注意直播过程中的说话表达方式，也要以同样的要求，规范自己在弱关系公共场合的沟通风格。

例如，某女主播在直播中主打清纯校园风，吸引了不少粉丝，其中还不乏很多女生。有一次，她在微博中转发了权谋气息比较重的职场漫画，并表示了对主人公的赞许。第二天，她就在直播平台中收到了好几位老粉丝的留言，表示无法接受她的"虚伪"，选择了"退粉"。

我们必须清楚，随着粉丝数量的增加、个人影响力的扩大，微博、微信、QQ这些社交平台都不再只是主播的个人天地，而是弱关系沟通渠道。在这些领域，主播有必要维持和直播同样的沟通风格，起码不能完全背离。也许这位女主播会觉得发漫画挺好玩，但在粉丝眼中，就可能是信誉问题。长此以往，与粉丝之间的关系会受到极大损害。

04　鼓励粉丝多说话，多互动

直播不是独角戏。主播想办法让粉丝张嘴说话，参与活动，这对主播很重要。如果始终只有主播在说，没有粉丝参与，那么直播就会陷入僵局。作为主播，才艺、修养、技巧都只是基础，只有最大限度地调动粉丝、带动气氛、充分互动交流，才会将陌生人变成追随者，最后卖出产品、获得收益。

如何激发粉丝的兴趣，使粉丝积极说话与互动？下面这些方法值得主播尝试使用。

1. 话题吸引

主播可以抛出让人困惑或引发争议的话题，引发大部分粉丝的思考。当发现气氛有所改变后，主播还可在此时请大家一起讨论或者激发辩论。

适合运用这种技巧的话题如：

"办公室恋爱可以接受吗？"

"休息日，是在家宅好还是出去玩更好？"

2. 悬念吸引

主播可以巧妙运用语言、手势或动作制造悬念，避免粉丝的注意力分散，进一步激起他们的好奇心，让他们能够积极参与到讨论中来。

例如，"大家可以猜猜，在我毕业这几年究竟发生了什么，让我决定辞职做小主播？"

3. 情绪互动

发现粉丝情绪不够兴奋时，可以故意激起他们的情绪，形成情绪上的互动。但要注意分寸，以免最终效果南辕北辙，让粉丝感觉被戏弄。

训练这种技巧的语言如：

"很多人说，喜欢玩游戏、玩手机的男生没什么追求，肯定会一事无成。但果真如此吗？大家怎么看的呢？"

4. 话语互动

引导粉丝聆听话语，参加互动，让他们沉浸到话题内容中，产生参与感和成就感。为此，主播可以说些通俗的句子，方便粉丝接话。在引导粉丝接话时，可以拉长尾音，并用手势、眼神做出示意。

训练这种技巧的语言如：

"很多人现在之所以感觉没什么希望，和受传统教育影响太深有关系。尤其是小时候，经常听说，言多……（必失），沉默……（是金），枪打……（出头鸟）。"

5. 行为互动

①点赞。引导粉丝点赞，让粉丝融入集体当中，依靠点赞与主播互动。与此同时，点赞也能够唤醒思想分散的粉丝，让他们的专注力回到话题当中。免费点赞的重点并不在于任何直接收益，而在于粉丝行动带来的价值。

训练这种技巧的语言如：

"接下来的内容更加精彩，还想要我继续的请点赞！"

"看到这么多热情洋溢的粉丝，我非常感动！当别人选择出去玩的时候，你们选择了来看我的直播，太棒了！点赞送给自己！"

②**送礼物**。送礼物的效果与点赞类似,但它更有助于粉丝表达其主观意愿。引导粉丝送礼物的同时,主播也可以挑选粉丝进行更深入的互动。针对粉丝不愿送礼物的现状,主播可以主动送礼物给幸运粉丝,也可以由团队成员先送礼物,引导粉丝的模仿跟随。

③**重复**。当讲出重要的结论时,主播可引导粉丝重复,增强现场互动氛围,加深粉丝记忆。需要注意,这些短句必须有气势或者有趣味,如果是普通而无意义的短句,重复的效果会十分有限。

训练这种技巧的语言如:

"现在大家明白了,咱们直播间的宗旨就是,有音乐、有朋友、有聊天!来,请大家帮我用字打出来!"

6. 倾听互动

在和粉丝互动尤其是连麦时,主播不要总是试图"捍卫"主动权,甚至担心主播风头会被对方"抢走"。相反,此时的认真倾听,才是打开互动宝库的金钥匙。

主播应认真地倾听粉丝的回答,并从中找到推动直播的细节因素,等待粉丝回答完毕后,以点评的方式开展互动。在此过程中,主播切忌轻易打断粉丝的话语,以免显得缺乏尊重,或削弱互动氛围。

训练这种技巧的语言如:

"这位老铁说得很好,尤其是关于职场关系的问题,值得进一步探讨……"

"这位同学的恋爱故事真感人,我差点都感动得流泪了,这也让我想到了我以前朋友的恋爱经历……"

05 引导粉丝多做肯定的回答

心理学专家在《影响人类的行为》这本书中写下这样一段话:"'不'的反应,是最难攻克的障碍。人们只要说出'不'字,他的自尊心就会让他坚持己见。当然,或许他以后会觉得'不'并非那么恰当,但考虑到宝贵的自尊,他就会选择坚持己见。"

用心理暗示的方法来引导粉丝说"是"并非很困难,要满足粉丝的心理需求,因势利导,始终保证自己能占住直播先机。这样,对方就不得不钻入主播事先设置好的"陷阱"中。

1. 使用正确的提问方式

如果主播向粉丝提出的问题可能得到模棱两可的回答,这个问题就并不高明。我们应尽量使用只能答"是"的提问方式,这有利于交流的深入开展。

在一次面向新粉丝的直播活动中,T主播坐在摄像头前,和所有人对话。他并没有用"要听××歌曲"或"要不要听听××产品介绍"的方式来反复询问粉丝。相反,他说:"你们肯定想听我昨天在麦当劳碰到的搞笑事情!很好玩,想不想听?"

T主播并没有武断地说:"我现在来讲个故事。"只是巧妙地暗示事情很有意思。与此同时,在和粉丝的对话中,T主播也没有将他们看成单纯被动接受的群体,而是以平和的商量口吻,征求他们的看法。越是这样,粉丝们越是不好意思拒绝，而是会果断给出肯定的答复。

2. 引用精确的数字或事实

主播和粉丝聊天时，引用精确的数字或事实，可以让粉丝更容易信服。例如，某主播在展示一款面膜的效果时，连续列举了多个数字，包括产品质量的指标、购买过的人数、顾客好评的比例数字，使用产品的每天平均支出等。这些数字会让粉丝感到心安，不仅是对产品质量的心安，也是对主播人品的肯定与信任。

并非每个主播都需要用数字来说服粉丝，同样也可以使用事实来做到。例如引用明星和名人的言行，或者借用与知名主播相关的经历等，这些都能产生强大的肯定力，让粉丝更加相信主播。

3. 把握谈话的联系和递进

为了能悄无声息地让粉丝说"是"，主播要用一系列的聊天分支主题层层递进，逐步软化粉丝的心理防线。这样，当粉丝肯定了第一个主题后，就不会否定第二个主题，因为如果否定第二个主题，就是否定了自己。

例如，为了推销一款厨具，主播对粉丝说："小长假确实无聊，旅游人太多，是吧？"粉丝说："是的，到处都是人。"主播进而说："那还不如在家宅，或者在家做做美食？"粉丝说："嗯，我还会做蛋糕。"也许粉丝一开始并没有想聊厨艺方面的话题，但是在不知不觉中被主播引入了肯定的心理模式，其心理防线在一步步瓦解，很快就会进入主播预设的直播环节中。

4. 确定表明主旨的时机

当主播通过分支主题，引导粉丝不断肯定之后，最终目的是为了向他们"摊牌"，即展露主旨。包括将自己代理的产品介绍给粉丝，或者邀请粉丝加入社群，或者鼓励粉丝赠送礼物等。

为此，主播必须把握好表露主旨的时机。在推出分支主题时，应该环环相扣，而到最后一环获得肯定时，粉丝已经充分认可主播。此时，再将直播主旨向其公布，大部分粉丝都不会拒绝。

06　可以随口说出重点粉丝的名字

对粉丝来说，主播口中说出最悦耳的词语，莫过于他们自己的名字。所以，在直播中是否能随口说出重点粉丝的名字，很大程度上是衡量主播工作能力的标准。

粉丝如果知道主播对自己的名字非常熟悉，他们就会有被重视、被尊重甚至受宠若惊的感觉。尤其是在第一次进入直播间时，新粉丝会觉得主播是非常有心的沟通伙伴。这样，我们就能在直播之余轻松提升个人亲和力，在粉丝面前为自己加分。

与此同时，主播也可以通过对粉丝的直接称呼，将直播带来的收益零距离展现在他们面前，就如同这次直播是为他们量身定制的那样。比如："×××，如果你喜欢我这次直播带来的产品，就果断下单吧，你会发现对你的皮肤很有好处……"

相反，如果无法说出粉丝的名字，总是用"大家""我们""宝宝们"之类的人称代词来表述，粉丝就会始终觉得有所隔阂。他们体会不到听见主播念自己名字时内心的悸动感，也就很难在主播需要他们时伸出双手给以坚定的支援。

主播如何才能很好地记住重要粉丝的名字呢？

1. 自我介绍

在新粉丝较多时，主播可以在直播开始的前 5 分钟内，介绍自己的昵称，包括含义、由来、写法、读法等。同时，在直播中，也可以多用该昵称来称呼自己。受到这样的影响，粉丝们也会注意到自己在直播间的昵称，并同样想要做自我介绍。

2. 重复名字

对那些点赞、打赏、购买产品或者互动积极的粉丝，主播应重复他们的名字，从而方便记忆。如果其名字比较难记，就应该多重复几遍。

3. 使用名字

当主播和重点粉丝交流时，应尽量多使用对方的昵称，如"感谢×××来观看直播""×××最近在忙什么"等。这样既方便记忆，又能突出对方的特殊身份地位。

4. 将名字和人对应

主播应该将粉丝的昵称与其个人直播间的昵称、微信、微博、QQ 等联系起来，寻找其中的相似之处，以便加强记忆。

5. 记录下来

不妨给重点粉丝建立一个资料库，将他们每个人的昵称、姓名、基本资料、实际贡献和直播表现等记录下来。时常翻阅和检索资料库，久而久之就会熟悉他们的名字，并在需要时能第一时间想起来。

Part7

高手主播的声调、语速修炼

主播的语音特质,是一种特殊的力量,也是特殊的产品。质量上乘的语音特质,能够传达言外之意的信息,使粉丝和游客更加欣赏和亲近主播。

语音特质是相当复杂的,其中包括了声调、语调、音量、语速、语气等多种因素。通过细分领域的专注练习,主播不仅能丰富直播语言的内容,还可以增强语言的感染力。

01 主播的语音修炼

新媒体主播虽不会面临着传统媒体主持人、播音员那样严格的专业要求，但这并不意味着粉丝就会喜欢语音不清晰的主播，主播甚至可能因为缺乏语音修炼，而失去原本很有潜力的支持人群。因此，做好语音修炼，主播才能不断获得加分。

1. 认识问题

在开始语音修炼之前，主播应清楚个人发音的痼疾。语音方面常见的问题主要在于"咬字"和"吐字"两方面。前者主要是"咬字不准"，后者则较为复杂。图 7-1 是四大常见语音问题。

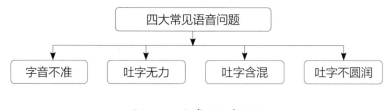

图 7-1 4 大常见语音问题

❶ **字音不准**。方言区出身的主播经常有类似问题。有的人仅掌握了汉语普通话的语音系统，对具体的汉字发音并没有明确对应。结果，很容易在发音时出现误差。随时查阅字典是解决字音不准最简单的办法。

❷ **吐字无力**。新主播往往唇舌无力，字头不清晰，使整个字音松散，导致

粉丝经常无法准确听清楚主播在说什么。针对这一问题，可结合用气练习声母发音，提高唇舌力量和气息力度。

③**吐字含混**。吐字含混不清的问题，往往是韵母发音不准造成的。适当扩大 i、a、u 三个元音在口腔中的三点距离，使元音对比加强，可改善这一状况。

④**吐字不圆润**。复合元音韵母发音时加大舌头的活动幅度可增加吐字圆润感。即使是单元音韵母，在发音时，舌头也应在本音位范围内做适当滑动，以增加字音的流动感。另外，归音不到位及声调幅度过小，也会影响吐字圆润。

2.练习方法

（1）掌握要领。

语音练习应从音节入手进行，即掌握"正音"的要领。

"正音"，即掌握音节正确的发音方法，从静态的声母、韵母、调分解练习开始，找到正确的发音部位和方法。随后，再进行音节的综合练习。

在分解练习中，应该始终以音节为训练内容，目的是为了能在动态的语流中自然流畅地综合运用。

①练习舌尖前音 z、c、s 和舌尖后音 zh、ch、sh、r 时，首先要掌握声母的发音要领。

②舌尖前音发音时舌尖应平伸，顶住或接近上齿背。

③舌尖后音发音时，需舌尖翘起，接触或接近硬腭前端。

这样，才能矫正发音部位不准的问题，避免在直播沟通中明显的错读和混读。

（2）练习听音。

发音需要听觉的配合。如果主播的听力不够敏锐，也会影响个人沟通发音的准确性。同时，由于听觉反馈中骨传导的作用，主观和客观的声音感觉有一定差距，容易导致主播对自身语音特点产生错觉，导致自我判断失误。

通过提升听觉能力，提高语音的自我判断能力，主播可逐步做到清晰分辨语音在音准、音高、音色、音量上的细微差别，拥有对语音的分辨能力，获得学习发音的基本条件。

①可以使用录音设备，反复调整和审听自己的语音。也可以采用互助方式，请团队成员或热心粉丝，指正自己的错误发音，纠正骨传导作用造成的语音偏差。

②主播还可以进行朗读短文练习。在练习中，首先多听标准的示范读音材料，并反复跟读，形成标准的听觉感受。随后，主播再播放本人的朗读录音，并与示范材料进行对照，找出其中存在的错误和缺陷，加以有效改正。

（3）方言辨正。

的确，在移动互联网直播平台上，利用东北话、四川话等方言为直播内容增添特色，是很常见的手段。但大多数主播（尤其是新主播），并没有很好的驾驭方言的能力，也缺乏利用方言进行内容创编运营的团队支持。此时，最适当稳妥的做法还是方言辨正。

方言辨正需要辨别和比较方言与普通话语音的异同点，弄清语音对应关系，掌握语音对应规律，将方言向标准普通话语音靠拢。在方言辨正中，主播应正确判断自己在语音上已有的错误和缺陷，有目的地进行正音练习，改正错误并克服缺陷。

例如，可以利用形声字偏旁类推正确读音，也可以利用普通话声韵配合规律类推。辅之以常用字正音、绕口令、朗读等练习，改掉方言原有的错误，达到事半功倍的效果。

（4）强化训练。

在语音训练中，除了应记忆声音外，还要有意识地对发音的动作感觉加以体会和记忆。通过反复练习，达到脱口即出的熟练程度。如果主播只是抽出专门时间练习，在直播中依然我行我素，就会影响训练效果。尤其是说较为难懂方言的主播，更要养成张口就说普通话的习惯，不断加大训练强度，尽量减少使用方言。坚持一段时间的强化训练后，主播的普通话水平就会有很大提高。

02　主播的音量控制

音量决定了主播的声音能否被粉丝听见,直播间的音量控制,影响着手机端粉丝观看直播的体验。如果我们想让粉丝沉浸于自己的直播中,首先要确保他们能够听到我们的声音,否则,再好的直播也都失去了意义。

但这并不意味着直播的声音越大越好,相反地,音量过大会让粉丝觉得刺耳和嘈杂。主播的音量控制有以下几个层面。

1. 如何修正话音颤抖

话音颤抖是直播时的大忌,话音颤抖的原因大多是因为紧张。很多主播初次做直播,情绪会比较紧张。但这种紧张情绪如果通过话音颤抖展现出来,就会被粉丝认为不专业,对于整场直播的质量,他们也会失去期待。

针对由紧张导致的话音颤抖,主播只能通过不断练习才能修正,放松自己的情绪和声音,从而以更加自信的面貌面对听众。另外,也有一些话音颤抖是由呼吸和姿势不正确导致的,主播要分情况进行修正。图7-2为常见的一些修正颤音的方法。

图 7-2　常见的一些修正颤音的方法

①调整姿势。主播大多采用坐姿,所以一定要找到一个舒适的坐姿,否则,长时间绷紧的身体肌肉会影响到发音器官,导致话音颤抖。

②调整呼吸。当发现话音颤抖时,主播可以借助讲话的间歇期调整呼吸,使用半哈欠的姿势放松发音器官,或采用一些辅助词语。

在无须讲话时,关掉麦克风,轻声念出:"寒、杭、郎、眠、隆、论"或"拿、乃、尼、挪、奴",放松下巴和喉咙,并用手指轻轻按摩喉咙肌肉,消除紧绷感。

③语言暗示。在直播之前,通过语言暗示为自己打气,可以在一定程度上缓解紧张情绪。

训练这种方法的语言如:

"今天的粉丝都是陌生人,我没必要紧张。"

"我准备得很充分了,试讲效果也不错,我能行!"

2.如何修正过高音量

很多主播是天生的大嗓门,他们的音量很高。去看看淘宝直播、抖音直播、快手直播,很多主播嗓门特别大,刚进直播间时如果手机音量没有控制好,会吓人一跳。我就有过这样的体会,刚打开直播的时候,吓一跳,手机都快扔到地上。

然而,对粉丝来说,大嗓门却并不一定是好事。在大音量的轰炸下,粉丝很可能会产生烦躁感,即使手机音量控制到最低,还是让人感觉很不舒服。

主播们必须修正过高的音量,给予粉丝更佳的体验。

①**试讲训练**。在直播前先试播,比如可先在微信群里做试讲,不断寻求合适的直播音量,一旦觉得音量合适,就要多次练习,固定下来。

②**空间调整**。如果在小空间里直播,比如卧室、小房间,则需要视情况稍微降低音量。

3. 如何修正过低音量

有些人生来声音柔弱,有些人为了节省体力而有意控制音量……但无论如何,过低的音量都会让嗓音显得柔弱,粉丝听不清楚,同时给人无力感,自然没法留住粉丝。可以采取下面的这些方法,修正自己过低的音量。

①选一款比较好的麦克风。现在网上有很多直播设备,选一款不错的设备,能让音量、音色都非常合适。有的主播不用麦克风,导致声音忽大忽小。有的主播直接戴耳机直播,耳机线上的麦克风在衣服上蹭来蹭去,会产生很多噪音。

②信心和呼吸是控制音量的重要手段,当主播信心满满、呼吸正确时,音量自然会随之提高。

③在特殊的场合下,或是为了表达的需要,主播可以有意地提高音量,以提升效果。

03 主播的语速修炼

高情商的主播都知道,语速是传递信息的关键。只有让粉丝听清楚我们所说的内容,才能顺利传递信息。为此,主播应尽量做到吐字清晰、发音清楚、语速适中。

过快或过慢的语速，都不是最好的表达方式。语速太快，犹如开足马力的机器，会让听者难以跟上，主播自己也很容易疲倦。语速过慢，又会显得直播间死气沉沉，让粉丝毫无耐心，总是想跳出页面。

导致语速不佳的最大问题，在于主播缺乏以粉丝为出发点的思维模式。有的主播习惯了个人语速，一旦改变就难以接受。其实，这只能说明主播并没有发现问题根源。殊不知，太快或太慢的语速，不仅会破坏粉丝的视听体验，也会浪费主播甚至整个团队的努力成果。

此外，语速过快或过慢的问题，往往也和主播的信心有关。我曾指导过不少语速过快的主播，经过咨询了解后，我发现他们的共同问题是不够自信，即脑海中闪过什么，马上就一股脑儿说出来，生怕耽误直播进程造成冷场，导致一会儿一个主题，根本没有经过深思熟虑。而语速过慢的主播，其问题在于欠缺表达的勇气，他们总是话到嘴边却又吞了回去，生怕说错一句就会导致粉丝离开。

想要拥有合适的语速，主播就应充分考虑粉丝的理解能力和接受程度。同时，也要在内心建立应有的自信，既不要担心冷场的尴尬，也不要害怕说错了而不敢说。相反，要具有真正强大的内心掌控力，相信自己无论使用何种语速，都能把控直播间的节奏。

1. 标准练习

科学研究表明，每分钟说 300 个字的语速，让听众感觉最舒服。这样的语速不会过快或过慢，能够恰到好处地保证粉丝能够理解和接受。

主播可以先进行简单的测试，即在自己正常直播说话时进行录音。直播结束后，以 1 分钟为时限，记录自己在 1 分钟内说了多少个字，与正常语速的差距有多少。计算出结果后，再进行针对性的训练。

意识到自身的语速问题后，主播在日常与他人交谈时，也可以尽量提醒自己放慢或者加快语速，并加快或放慢思维运转。这样，个人说话速度的习惯也将自然而然发生改变。

2. 心态调整

如果主播说话太慢，或听上去总是有气无力的，可以在直播前制造兴奋情绪。例如，回想自己经历过的愉快场景，或者想象直播中可能遇到的有趣事情。同样，如果主播说话总是太快，就要先在内心向自己提问，了解自己语速太快的原因，是否因为总是过于匆忙给出答案，或者担心粉丝对自己的话题不感兴趣。根据找到的主要原因，有意识地加以改进。

3. 朗读训练

想要尽快调整语速习惯，朗读文章是种不错的方法。

是否还记得上学时老师教我们的朗读方法？可以找一本自己喜欢的书，从中选取精华段落，进行朗读训练。训练时，应尽量做到读音准确，字正腔圆，确保不要停顿，要把每个字音都完整地发出来，避免出现含混不清的语句。在朗读过程中，应随时注意语速的状态。

语速过快的人要尽量放慢速度，语速过慢的人则要注意提高速度。此外，语速还应根据文字的内容进行调整，对于比较激动的部分应加快速度，对于比较和缓的部分则应放慢速度，从而保证语速与情绪的变化能紧密配合。

语速有问题的主播，可以给自己制订中长期的朗读计划，每天在清晨或是睡觉前，读上一段优美的文字。我们可以利用电脑话筒，或是录音笔记录下自己的朗读，反复读和听，改进自己的不足。此外，主播也可以找一些"听众"，请他们指出朗读过程中语速存在的问题，并进行改正。

04 主播的语调和语法修炼

字有声调,句有语调。字要正音,就必须有准确的声调。句要达意,就必须有正确的语调。另外还要加强停连、重音和语势的练习。

1. 声调

声调,是指普通话里的四声,即阴平、阳平、上声、去声。如妈、麻、马、骂等。受方言和习惯影响,主播可能出现声调失准的问题,导致字意被歪曲。例如,治理和自理、竹子和卒子、摘花与栽花、有志和有字、重来和从来、推辞与推迟、鱼翅和鱼刺、诗人与私人等误解现象,都会因为声调问题而出现。

因此,主播必须在声调方面进行正音训练,将个人习惯性的错误读音改正过来。无论是在直播中还是在日常沟通中,都应有意识地将声调读准。

声调练习应找到规律,在四声准确的基础上,根据内容有感情地发出每个音节。反复大量练习单音节、双音节、四音节、诗、段子、绕口令等。练习时注意高音不挤、低音不散,声音由小到大。

2. 语调

语调,即每句话的语音图形。通过说话时的抑扬顿挫、轻重缓急、高低强弱的变化,再加上重音和停顿,形成语言的旋律,将话语的思想、情感和态度以声音表达出来。

从语法上看，句子分为 4 个种类，即陈述句、疑问句、祈使句和感叹句，相应地，也有以下 4 种语调，表达各类句子声音的起伏变化。在日常生活中，这些一般性的规律，并不需要特别加以注意，但在直播时，我们往往有必要运用这 4 种语调，将句子的内涵加以适当的刻意表达。图 7-3 为主播需要运用的 4 种语调。

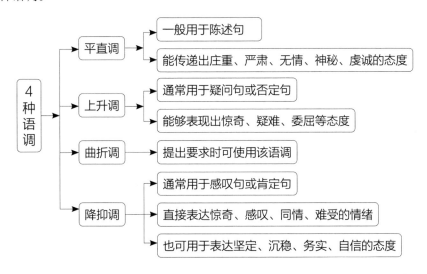

图 7-3　主播需要运用的 4 种语调

①**平直调**。说明情况，叙述原因，一般用于陈述句。为了将问题说清楚，即便在气氛较为热烈时，主播所使用的声音也无须有太多的抑扬变化，始终维持同一种音调即可。此外，平直调也能传递出庄重、严肃、无情、神秘、虔诚的态度。

②**上升调**。主播提问时通常可使用该语调，通常用于疑问句或否定句。该语调通常在句子末尾几个字，声音会逐步上升。通常能够表现出惊奇、疑难、委屈等态度。

③**曲折调**。主播提出要求时可使用该语调，一般用于祈使句。句子的音调走向比较复杂，比如高点居中、前升后降、先降后升、首尾皆高、上下映照、

抑扬并用等。这种语调通常用作请求、劝告或者命令粉丝完成某些行动。如果主播善于运用该语调，也可以用其表现平实与夸大的对比等内涵。

④**降抑调**。主播可用该语调表现某种情感，通常用于感叹句或肯定句，句子中的音调走向逐步下降。这种句子除了直接表达惊奇、感叹、同情、难受的情绪外，也可以用于表达坚定、沉稳、务实、自信的态度。

主播对语调的平、升、曲、降等形态，只是大致进行划分，并不需要完全专业的知识和技能。但主播应进一步了解，语调形态始终是"活"的。即便完全相同的话语文字，只要语调形态有些许程度的变化，就能体现出不同的情绪和态度。因此，主播还需要利用有关停连、重音和语势的语气练习，强化语调的修炼成果。

3. 停连

停连，也称顿挫，是指主播语流中声音的暂时休止和接续，可以说它是有声语言表达中的标点符号。一方面，停连是主播在沟通中内容、情感表达的需要。为了更好地表情达意，在适当的地方使用停连，造成声音的暂时间歇和延续，能帮助粉丝更好地理解和感受作品的思想内容。另一方面，它也是主播在叙述过程中的生理需要。在与粉丝交流过程中，主播不可能一口气说完一大段话，中间需要不停地换气，并且不断地调整声音，停连则能满足这方面的需求。

①**语法停连**。语法停连是反映词句的语法关系，显示语法结构的停连。语法停连分为句逗停连和语组停连两种。

标点符号是书面语的重要组成部分，在口语中则用停顿来表示，其停顿时间的长短一般由标点符号的类型决定。常用的标点符号停顿时间大致是句号、问号、感叹号的停顿时间最长，分号、冒号其次，逗号再次，顿号最短。这种停顿，通常适用于朗读书面内容时的直播，并不常用。

语组停连是指在没有标点符号的地方，按照词语间的语法关系所做的停顿。语组停顿比句逗停顿的时间要短些。一般来说，主谓之间、动宾之间、修饰成分与中心语之间，都可以有停顿。这种停顿，可用于主播叙述故事或抒发情感的情景。

②**强调停连**。强调停连是为了突出某种事物或表达某种感情所做的停连。它不受语法的限制，而是依据表情达意的需要来决定停连的位置和时间。这种停连，需要主播结合粉丝的情绪和个人表述的节奏进行合理使用。

4. 重音

重音是指说话时为了突出主题、表达思想、抒发感情而对语句中的某些词语加以突出强调的现象，它是体现语句内容的重要手段。在与粉丝沟通时，重音位置不同，语意也会随之发生变化。

例如，我知道你爱开车，重音在"知道"（别以为我不知道）；

我知道你爱开车，重音在"你"（别人爱不爱开我不知道）；

我知道你爱开车，重音在"爱开车"（爱不爱做其他事，我不知道）。

重音应和语气共同训练。相比重音，语气是语句内在感情的色彩和分量以及外在的声音形式，能够更多地表现感情、传递思想。重音和语气的结合，应依靠明确的思想和恰当的感情的有机融合，也就是指思想感情的交汇融通。

重音分为语法重音和强调重音两类。一般在语句中，谓语、中心语的修饰成分，疑问代词和指示代词都要重读。强调重音没有固定的位置，它是根据表意的需要来确定的。

5. 语势

语势指主播叙述时声音升降平曲、高低起伏的变化形式，它是通过控制声带的松紧来实现的。语调由平升高，高亢激昂，称为"扬"；语调先平后降，低沉持重,称为"抑";语调缺少变化,平缓舒展,称为"平";语调升降频繁,起伏不定,称为"曲"。语势不同,表达的思想感情也不同。

05 主播的嗓音修炼

很多主播羡慕别人拥有或磁性或动人或悦耳的声音,而将自己声音的弱点归结于"先天条件"不足。其实,绝大部分人的先天发音条件相差并不大,其关键在于是否进行了正确的练习。

1. 唇的练习

①喷。也称作双唇后打响,双唇紧闭,将唇的力量集中于后中纵线三分之一的部位,唇齿相依,不裹唇,阻住气流,然后突然连续喷气出声,发出P、P、P的音。

②咧。将双唇闭紧尽力向前噘起,然后将嘴角用力向两边伸展(咧嘴),反复进行。

③撇。双唇闭紧向前噘起,然后向左歪、向右歪、向上抬、向下压。

④绕。双唇闭紧向前噘起,然后向左或向右做60度的转圈运动。

2. 舌的练习

①刮舌。舌尖抵住下齿背,舌体贴住齿背,随着张嘴,用上门齿齿沿刮舌叶、舌面,使舌面能逐渐上挺起,然后,将舌面后移向上贴住硬腭前部,感觉舌面向头顶上部"百会"穴的位置立起来。这一练习对于打开后声腔和纠正"尖音"、

增加舌面隆起的力量很有效。口腔开度不好的人、舌面音 J、Q、X 发音有问题的人可以多加练习。

②顶舌。闭唇. 用舌尖顶住左脸内颊、用力顶，似逗小孩嘴里有糖状，然后，用舌尖顶住右脸内颊做同样练习。如上左右交替、反复练习。

③伸舌。将舌伸出唇外，舌体集中、舌尖向前、向左右、向上下尽力伸展。这一动作主要练习使舌体集中、舌尖能集中用力。

④绕舌。闭唇，把舌尖伸到齿前唇后，向顺时针方向环绕 360 度，然后向逆时针方向环绕 360 度，交替进行。

⑤立舌。将舌尖向后贴住左侧槽牙齿背，然后将舌沿齿背推至门齿中缝。使舌尖向右侧力翻。然后做相反方向的练习。这一练习对于改进边音 L 的发音有益。

3. 口腔的静、动态控制

（1）静态控制

主要训练口诀是开口腔，提颧肌。开牙关，挺软腭，松下巴，挂前腭。

上述训练有调整呼吸、声波成束、声波畅通、音饱色纯、声射腭前、声音鲜明的效果。

（2）动态控制

分为字头（吐字）、字腹（立字）、字尾（归音）三部分。

①字头。咬住，弹出，部位准确，气息饱满，结实有力，停暂敏捷，干净利落。

②字腹。拉开，立起，气息均匀，音长适当，圆润丰满，窄韵宽发，宽韵窄发，前音后发，后音前发，圆音扁发，扁音圆发。

③字尾。尾音较短，完整自如，避免生硬，归音到位，送气到家，干净利落，趋向鲜明。

06　主播的发声修炼

对于主播而言,科学的发声非常重要。科学的发声能够保证声音的饱满圆润,也能保证发音器官的长久健康,避免长期直播给发音器官带来损害。

主播可从以下几个方面来训练发声方法。

1. 气息

通过简单的气息训练,主播能体会到正确呼吸的方法,不仅有利于直播中的沟通,也有利于未来进一步的歌唱等才艺训练。我们只有通过训练,体会到正确的气息方法,才能不断进步,将发声的感觉加以固定。

（1）方法一。

该练习要两人进行,练习人在前辅助人在后,后者将双手放到前者后腰处,稍微用力,用双掌按压其后腰部。这时,练习人用腰部力量缓慢地将按压在腰部的双手推开,注意,一定要将注意力集中在用力部位并且记住这个位置肌肉运动的感觉,同时动作一定要慢,反复进行练习。在单人练习时,可将双手在背部交叉即左手摸后腰右部,右手摸后腰左部,同时肩部放松。

（2）方法二。

这种方法是在方法一的基础上进行练习,在保持住后腰撑开的感觉后做下面的练习。

①保持兴奋的精神状态。

②面部保持微笑。

③在缓慢地仅用鼻子吸气的同时打开眉心与撑开后腰。

④重复上一步，但是将用鼻子吸气改为口鼻同时吸气。

注意，该训练方法过程一定要慢，感受气息从 眉心、鼻子、口三点流入撑开的后腰。

以上方法可以帮助我们较容易地找到吸气的感觉。需要注意的是，我们学习气息的关键是要使气息和字音相结合，所以还有必要进行"字音－气息"结合训练，这一步显得尤为重要。

2. "字音－气息"的结合

在气息训练的基础上，可以用"hei-ha-hou-he"连发方法，训练我们的横隔膜弹动。该方法也可以用来训练气息与字音的结合。具体方法如下。

①发"ei"这个音，体会小腹运动与字音的结合。在初级阶段，发"ei"音的时候将小腹向内微收。随后，就要有意识地去控制小腹。具备初步控制能力时，就应逐渐将意识从小腹上移开，达到"全自动"。想要达到这个状态，只有通过反复练习。

②在从"ei"向单音节词转换时，应注意保持呼吸节奏，即一口气，一个字，收一下小腹。逐渐可以将单字变为词，也是同样方法，一口气，一个词，收一下小腹，最后逐渐过渡到短句。

③更高级别的"字音－气息"结合训练，即"hei"音连发。刚开始练习时，可一口气发3个"hei"，找到"同步"感。随着熟练程度的提高，可一口气发出七八个连续扎实、有力、同步的"hei"音。应尽量控制呼出的气流，使其打

在上门齿的齿背，弹发要轻巧，要跳跃，不要用喉。

3. 胸腹联合式呼吸

胸腹联合式呼吸能够很好地缓解发声疲劳，美化主播的声音效果。其练习要点如下。

❶**对抗感**。小腹有微微向内收的力量，后腰有撑住打开的力量。正是这两种对抗的力量实现了对气息的控制。

❷**支撑感**。在呼吸过程中，应寻找两肋与后腰被逐渐撑开的感觉，这种撑开的感觉能带动后背逐步舒展，腰带渐渐绷紧。

❸**气柱感**。感觉在我们身体内有一股垂直气柱，上下贯通。体会这一感觉的时候，身体一定保持"正""直"，精神兴奋、积极，以便找到通畅的感觉。整体上，气柱充盈、饱满、源源不断。

❹**流动感**。可以通过以下方法来感觉：深吸气，吸满、吸足，然后用意念将气息压到腹腔保持住数秒，再将气息提到胸腔保持数秒。反复练习数次，就会找到气息运动的感觉，在气息一压一提的过程中，感受流动，尽量使其顺畅。

4. 发声姿势

发声姿势分为站姿和坐姿两种。

（1）站姿。

站姿一般有两种，或者是双脚与肩同宽，向下用力，找到一种两脚像树根一样向下生长的感觉。或者一脚在前，一脚在后，重心集中在前脚掌上，用前脚掌抓地，腰腹也随之向下用力。

（2）坐姿。

对于坐姿问题，很多主播都没有注意到，实际上，在一两个小时的直播中，也不可能总是保持同一种坐姿。但主播在日常练习发声时，应对正确的坐姿加以体会，从而在直播中加以自由运用。

①训练时尽量坐硬质椅子，坐椅子前三分之一处，身体稍向前倾。此时，主播要注意脚部一前一后，前脚抓地，后脚蹬地，类似准备起跑的感觉。

②我们在坐着的时候不要过多依赖臀部，而要用腿根去坐，和双脚配合形成合力，然后要使腰、背（脊椎）、颈保持在一条线上。

5. 综合练习

①吸提。在"推送"气息同时轻声快速地数数字"123456789……"一口气反复数，数到这口气气尽为止，看自己能反复数多少次。

②数枣。在"推送"气息的同时轻声默念："出东门过大桥，大桥底下一树枣，拿竹竿去打枣，青的多红的少（吸足气）一个枣两个枣三个枣四个枣五个……"这口气气尽为止，看自己能数多少个枣。反复4~6次。

③数葫芦。在"推送"气息的同时轻声念："金葫芦，银葫芦，一口气数不了24个葫芦（吸足气）一个葫芦二个葫芦三个葫芦……"直到这口气气尽为止，反复4~6次。用数数字、"数枣""数葫芦"的方式控制气息时，千万不要跑气。开始腹部会出现酸痛的感觉，练过一段时间，症状则会消失。

④深吸慢呼长音练习。经过气息练习，开始逐步加入声音。这一练习仍是以练气为主，发声为辅，在推送的同时择一中低音区。男主播发"啊"音（"大嗓"发"啊"是外送与练气相顺），女主播发"咿"音（"小嗓"发"咿"是外送）。一口气托住，声音出口呈圆柱形波浪式推进，能拉多长拉多长，反复练习。

⑤一口气托住。嘴里发出快速的"噼里啪啦，噼里啪啦"（反复）到这口气将尽时发出"嘭—啪"的断音。反复4~6次。

⑥一口气绷足。先慢后快地发出"哈，哈—（反复）（加快）哈，哈，哈……"锻炼有爆发力的断音。

⑦一口气绷足。先慢后快地发出"嘿—厚、嘿—厚"（反复逐渐加快）"嘿厚，

嘿厚……"加快到气力不支为止，反复练习。

⑧发气泡音训练和膈肌训练。保持闭口状态1分钟。然后膈肌弹发"嘿""哈"三十秒左右。可以循序渐进，由低到高，由弱到强。

Part8

高手主播说话风格与个性打造

　　说话，不只张张嘴巴这么简单。把一段话讲得好听，或风趣幽默，或感人至深，这样才能迎合屏幕那一端的粉丝。主播在提升自己说话技巧的基础上，还要认真对待粉丝的提问，做到真诚不敷衍，逐渐形成自己的风格，这也是主播的基本素养。

01 主播说话风格的类型

每个人的性格不同,说话的风格自然也千差万别。当我们成为一名主播后,就必须塑造适合自己的说话风格。我看过非常多直播时的主播,也许只是为了迎合潮流,或是绷着脸发嗲,或是用稍显生硬的语气讲笑话,导致直播间人气惨淡,不要说变现、带货,就连与粉丝基本的交流都无法进行。这就是没有找到适合自己说话风格类型造成的结果。

高手主播的说话风格通常有以下几类。

1. 女神型

如果你的外形足够靓丽,几乎能让所有人一见倾心,那么你的说话风格一定要"高冷"!没有哪个女神会轻易欣喜若狂,都是"矜持、矜持、再矜持"!想想看,如果刘亦菲在直播间里不断说着各种段子,毫不在意自己的形象而哈哈大笑,你还会认为她是"真女神"吗?

所以,如果你有女神的资本,那么说话风格就应该如矜持的女神。当然,矜持不等于不说话,而是要刻意表现出一种"高姿态"。

"不好意思,我不会说这种低级的话,它太无趣了。"

有女神的资本,高冷反而会给我们塑造出如仙女一般的气质,让粉丝更加喜欢我们。

2. 搞笑型

搞笑型是目前直播界最受欢迎的说话类型，这种类型的主播几乎不受形象的限制，即便有女神的外表也可以如谐星一般插科打诨。就像斗鱼当红女主播周淑怡，有着女神的外表加有一个搞笑的心，直播间里段子四起，与网友插科打诨信手拈来。

想要塑造搞笑型的说话风格，就必须提升自身的幽默能力，这需要从以下两点入手。

①**巧妙的语气**。说笑话、讲段子不是朗诵，没有巧妙的语气做辅助，听起来就会非常"尬"，让粉丝摸不到头脑。什么时候停顿留下伏笔、什么时候突然加快语速，会直接关系到包袱能不能炸响。多去看看搞笑型主播的视频，寻找其中的诀窍吧！

②**丰富的段子**。讲段子是搞笑型主播的基本功，没有丰富的段子做支撑，仅靠语气上的幽默很容易让人觉得乏味。在日常生活中，主播必须学会积累段子，在微博、微信群中搜集有趣好玩的段子并将之记录下来，以备直播时随时调用。

3. 聊天型

女神型说活风格，需要我们有傲人的"女神资本"。搞笑型说话风格，建立在才思敏捷和大量训练的基础上，它们都不是一蹴而就就可以实现的。我曾见过太多主播新手，一开始就模仿成熟主播的样子做互动，结果是不伦不类、东施效颦，弹幕几乎全都是以负面为主。很显然这就是失败的说话风格。

对于直播新手，或是特殊才艺不足的主播，不妨采取聊天型说话方式起步。所谓聊天，其实就是"说大白话"。打个比方，夜间多数粉丝都有些孤独，这个时候，我们可以这样说：

"大家好像都有点累了。要不我给大家讲个我自己的故事吧，可能有点长，但是我相信应该会给大家带来点温暖……"

讲一个有温度的故事，哪怕这个故事不是自己的亲身经历，但最重要的是让粉丝们体会到故事背后的感动，愿意与你聊天，这同样会获得他们的认可。

4. 可爱型

如果你的外形清纯，看起来年龄较小，那么最适合你的说话风格，自然就是可爱型。嗲嗲的、萌萌的说话风格，会让你有一种"二次元女神"的特点——也许不是那么成熟，但就像动漫里的女生，扑棱一下眼睛，"哇"的一声都会让粉丝的心融化。

塑造可爱型说话风格，不仅要从语言上下功夫，还要塑造与之搭配的萌系服饰和萌系环境，比如每天穿不同的可爱服装、直播间有一只可爱的猫，都会给可爱型主播大大加分。

02　主播说话风格完善的 6 个技巧

想成为好的网红主播，不是只会化妆那么简单。漂亮的主播千千万，但真正能火起来的主播却屈指可数，只懂撒娇、放歌的主播能有三个月的人气，就已经非常难得。所以，想要成为真正的高手主播，我们必须要完善自己的说话风格，从内到外散发出不一样的气质。这种自我培训，也许不如培养一名专业主持人那么严格，但同样需要自己付出长时间的努力，这样才能从声音上捕获粉丝。

1. 说话一定要清晰

"我不道几个，啊，不管……"

看到上面这句话，你能明白这是在说什么吗？这恰恰是我在很多主播身上发现的问题：说话含糊不清，很难让人明白他到底在说什么。也许在生活中我们说话含糊一点没有大碍，但是面对天南海北的网友，说话过于含糊就会给人留下不尊重人的印象，还会显得自己说话没有底气，好像要赶快把话说完、免得露怯一样。

完善说话风格，所有主播要做的第一件事就是说话一定要清晰，让人一听就明白你要表达的内容是什么。尤其是"恩啊呃哦"这样的语气，频繁出现在直播间，会让人感到非常反感，恨不得立刻退出。

2. 幽默可以，但一定要三思而后行

网络直播间的氛围通常较为活泼，直播时不必如电视台主持人那般严谨，适当开玩笑会大大烘托直播间的气氛，但这不等于可以口无遮拦。很多主播在与粉丝沟通的过程中，往往会因为一句话而引起粉丝的不悦，甚至引发所有人的口诛笔伐。

"哈哈，刚才有人留言说自己是个秃子！来，是秃子的打1，让我看看有多少人头上没头发！"

这是某个主播曾经在直播间无意中说出的一句话，她原本是想借此开个玩

笑，但没想到这种心直口快对粉丝造成了伤害，结果大量粉丝在线投诉主播"人身攻击"，主播人气快速跌落。

无论我们说什么，一定要注意内容绝不能伤害粉丝，设身处地为他人着想，必须杜绝"说话不经大脑"的行为！

3. 聊天聊出深度

对于聊天型说话风格的主播，在与粉丝交流时，一定要聊出深度，坚持不懈向细节挺进，细节越细，给粉丝留下的印象越深刻，聊天就越成功。例如，当我们和粉丝们聊起小时候的糗事时，不要有偶像包袱，一定要将故事的背景、自己的糗态展开去说，让粉丝们身临其境，这样才能让粉丝感到有趣生动，愿意与我们继续聊下去。

4. 尽量使用大众可以听得懂的语言

主播无论选择哪一种说话风格，除非有特别的主题要求，正常情况下都要尽量用大众听得懂的语言，即便我们是一个专业领域的直播网红。过于频繁使用专业词语、生僻词语，不会给粉丝们留下专业的印象，反而会让他们认为你装、不接地气。

"今天我们做这款笔记本的拆机。这款笔记本的 central processing unit 是第十代架构，它的执行指令 execute 属于……"

如果一个主播以这样的语言介绍电脑 CPU，试想除了专业研究计算机的人，还有谁有耐心看得下去？直播时代，每一个人都是观众，学历、人生经历参差不齐，除非我们仅仅定位"服务于某个小圈子"，否则不要过分"掉书袋"，说出来的话让人听不懂，只能造成我们与粉丝的割裂。

5. 每天进行训练

从今天开始，训练自己的说话风格。多数直播平台，都会提供直播回放，我们要抽出时间看一看自己在直播时的状态，记录下自己说话有缺陷的一面，进行针对性的改善。每天对着镜子练习说话，听自己的语速，看自己的表情，不断调整说话方式。这种积累虽然是漫长的，但只要达到一定时间，我们就可以看到自身明显的变化。记住，直播是一项事业，没有认真对待的心，就不可能吸引到大量的粉丝。

6. 学会迎合与略过

无论哪一种类型的主播，与粉丝交流时一定要积极对待，学会迎合。粉丝提出问题，我们在做出回答的同时要略带微笑，让粉丝感受到被尊重。即便我们的语言技巧、说话风格还不够完善，但只要表现出真诚，就会展现出自身的亲和力。

当然，迎合并不是毫无底线。尤其在直播间人数较多的时候，我们无法做到对每一个粉丝的提问都做出回答，这个时候就应该分析哪些提问是重要的、必须回复的，哪些提问是适合略过的。而对于给我们刷礼物的粉丝，要尽可能做出口头感谢。

03 主播如何培养自己的说话风格

说话风格的培养与形成，并不是依靠简单的一两个技巧就能轻易实现。无论是 papi 酱还是李佳琦，他们的说话风格都打上了"自我性格"的特点，符合自己的性格与人设，因此能够在最舒服的空间滔滔不绝。所以，想要培养自己的说话风格，不妨按照以下这些步骤重塑自我。

1. 可以模仿，但不要只模仿

初上直播间，也许我们对一切都有些发懵，数不清的弹幕与五花八门的直播设备会让自己紧张得说不出话。在这个阶段，我们不妨模仿那些成功的高手主播，逐渐找到最适合自己的定位。可以尝试李佳琦夸张又有些发嗲的说话风格，也可以尝试 papi 酱犀利且简洁的说话方式。

这种模仿，可以让我们快速打开直播局面。但是，我们不能永远只停留在模仿之上，"别人嚼过的馍不香"，无论你模仿得多惟妙惟肖，别人也只会觉得你是个"山寨货"，你不过就是"小 papi 酱"罢了，与其看山寨，为何不看"正品"呢？

模仿不可怕，可怕的是将模仿当成了自己的定位，毫无自己的说话风格。一开始，我们借助模仿逐渐熟悉主播的工作，但在此之后，应当结合自身的特点对模仿对象的风格进行改造与升级，形成一套自己的"套路"，这样你才能形成自己的说话风格，而不是活在别人的阴影里。

2. 找到让自己最舒服的状态

为什么主播李佳琦的说话风格带着点撒娇且夸张？为什么主播周淑怡的说话风格带着点男孩子的豪气？

一方面，这是他们为了形成与其他主播的差异化所做的选择，但更重要的是他们觉得这种状态最舒服。李佳琦做过口红柜台销售，常年与女性打交道，他已经很习惯和女孩子们沟通的方式；周淑怡做过女团与游戏主播，她面对的对象多数都是男性，所以很擅长与男孩子们"称兄道弟"。

所以，最适合你的说话风格，就是让你最舒服的那种状态。你的性格稳重，那么就不必刻意要求自己讲段子、说笑话，将话说得有内涵、有价值，你的说话风格会水到渠成；如果你是一个性格外向的人，大可不必装深沉、拿腔调，要大胆地以你的热情来感染听众。只要突出你的性格特点，让自己感到舒服，那么就会形成自己的独特风格。

"各位先森晚上好，今天偶给大家带来一款钱包，希望大家能喜欢哟。"

如果你是一个性格内向、对互联网流行语并不擅长的人，这句话你能说得滴水不漏吗？恐怕只会让听到的人喷饭。

3. 形成自己的气场

气场这个词玄之又玄，它无法准确形容，却能让人直接感受得到。想到陈道明，就会联想到沉稳的气场；看到周星驰，就会想到无厘头的气场。简单地说，气场就是一种气质，可以通过我们的说话风格体现出来。

如果自己的定位是搞笑主播，但永远都是正襟危坐、不苟言笑，甚至穿衣古板、反应慢，你透出的气场与讲述的内容完全不搭边，那么你的气场与说话风格就是割裂的，是无法让人信服的。

想要培养自己的说话风格，就必须形成与之对应的气场：想搞笑，整个人就必须非常放松，甚至透出点"贱"；想塑造高亲和力人设，就必须注意自己的细节，给人带来暖暖的气场。

04 主播如何打造自己的个性化标签

做主播,最需要的是什么?并非多才多艺,有才华的人比比皆是,专业院校出身的主播也不一定能拔得头筹;也不是对事事都能言善辩,网友要看的,是一个个真实的"高手主播",而不是大学生辩论会。

想要成为优秀的主播,个性化才是关键!不能展现出自己最优秀、最独特的一面,谁会关注平庸的你?身为主播的我们,如果只会机械性地放音乐,不痛不痒地说着没人愿意听的笑话,你有可能吸引到任何一名粉丝吗?

没有个性,就没有流量。

主播必须打造出属于自己的个性化标签,这样才能征服万千网友。

1. 适当出格,但最重要的是"内涵"

流量时代,争出风头。越来越多的直播主播,不惜扮丑搞怪,以此渴望得到流量关注,但这类主播往往只会有"15分钟的辉煌"便销声匿迹。

很多主播都认为"唯有出格才能形成个性",但是这不等于可以无底线地出格。出格的目的,是为了展现出与别人不一样的一面,如果没有内涵做支撑,那么出格只能是一种行为艺术,别人会以"看小丑"一般的心态笑过即忘。

那么,如何保证在适当出格的同时保持内涵?想想"手工耿":他留着长发与胡子,外形上出格;但最重要的是他具备其他人不具备的内涵——制作各种道具,并强调这种道具是"完全无用"的。配合乡土味十足的视频,"手工耿"

自然一炮而红。

所以，想要形成自己的个性化标签，想一想自己最擅长的是什么，这份内涵如何与别人形成差异化。做到这一点，再适当出格，你才是一个会被人记住的主播。

2. 让自己变得有温度

想想看，为什么李佳琦的直播，每次都会有万人围观的效果？很简单：李佳琦卖的不是产品，而是自己的温度——我使用了、我感觉特别好、我特别推荐……

反观我看过的部分直播网红，还停留在电视购物的阶段：喋喋不休地介绍某个产品的参数，用着夸张到毫无边际的广告语进行推广，直播仅仅是另一种类型的导购罢了。

网友选择李佳琦的产品，并非因为产品，而是有温度的李佳琦。所以，我们必须将自己真正融入自己的事业中：带货类主播必须认真去感受产品，传达出自己对于产品的理解和评价，越主观，意味着可信度越高；才艺类主播，要表现出自己是真的热爱艺术，而不是机械地写书法、跳舞，要融入自己对于舞蹈的理解，这样才能让人感到你是"专业的、可信的"。让自己变得有温度，我们甚至不必做过多的推广，粉丝就会愿意接受我们的推荐！

3. 提升自身素养，形成"人无我有"的个性风格

移动互联网时代虽然是一个"快餐化"时代，但网友依然渴望看到有价值的内容，哪怕只是蜻蜓点水，也会立刻对主播留下极佳的印象。在日常生活中，我们依然需要不断提升自身素养，包括个人经历、见识、认知、文学素养等，这些都会影响我们的语言组织方式与内容，形成"人无我有"的个性风格。

05　积极倾听粉丝，不敷衍

网络视频直播不同于传统电视直播，全新的移动互联网技术打破了直播单向传播的缺点，变成双向互动。主播在直播时，留言、弹幕都会在主播的屏幕上呈现，过去那种"明星高高在上"的姿态感，在网络直播时代已经不复存在。主播一方面要关注自己在镜头前的状态，另一方面也要倾听粉丝的留言，不敷衍他们的诉求，这样才能让流量稳步提升。反之，一定会迎来多米诺骨牌式的倒塌。

知名吃播女博主密子君曾经经历过这样一件事：在某家火锅店吃饭时点了十份牛肉，原本以大胃王出道的她，却在此时敷衍粉丝，并没有理会粉丝的要求，不仅没能吃完点的菜，甚至还被发现食量极少，与她自己宣称的截然不同。众多粉丝表示不满，认为她太"假"，一时间密子君广受争议。

如密子君这样的行为，表面上看只是"自己没做到"，事实上却是敷衍粉丝。很多直播网红都有这样的问题：一旦自己的知名度越来越高、流量越来越大，就会变得越来越"虚伪"，不再对粉丝有那么多的关怀，直播只是直播，变成了一份必须完成的工作，而不是自己全身心投入的事业。密子君的事件，未来一定还会在其他网红身上重现，他们没有想到的是：这种敷衍不仅会得罪粉丝，还会导致自身人设的崩塌。

人设崩塌，对于直播网红而言，是致命式的打击。而造成人设崩塌的原因，与没能积极倾听粉丝、敷衍粉丝有着密切关系。

不可否认，当主播的知名度越来越高、粉丝数量越来越多时，我们一定无法兼顾到所有粉丝的要求，百分之百绝对不敷衍是不可能的事情，但越是在流量激增的状态下，越是要稳定心态，保持人设的稳定性。那么，我们该如何解决与粉丝互动的问题呢？

1. 时刻保持最佳的状态

主播一定要告诉自己：直播不是一件"玩"的事情，必须带着饱满的状态面对粉丝，粉丝才愿意以同样的热情回馈我们。所以，即便我们开播前的状态再差，当摄像头打开的一刹那，也要以最佳的姿态与粉丝互动。

如果我们的确因为有克服不了的原因造成状态不佳，比如嗓子发炎无法唱歌、身体不舒服难以跳舞，那么一定要在第一时间与粉丝说明，并且在直播间、微博、贴吧等地方进行公示。因为人不是机器，粉丝也会理解主播，但前提是：粉丝了解其中的原因，接受主播的致歉。

2. 聘请一名助理

如果条件允许，我们可以聘请一名助理，协助我们进行直播。助理最重要的工作，就是记录粉丝较为重要的弹幕或留言，提醒自己可以按照粉丝的需求进行表演，或是对粉丝做出明确的回复。

3. 别逃避粉丝的提问

别逃避粉丝的提问，即便这个问题我们有些不想回答。我们可以巧妙地避开提问，比如粉丝问我们是否结婚了，我们可以说："这个隐私问题，我有权力不回答哦！不过可以明确和大家说，如果我的生活有比较大的变化，那么一定会第一时间通知大家的！"这是一种较为得体的回答，既没有敷衍粉丝，又可以展现出自己较高的情商。

06　懂得分析，听出粉丝的言外之意

一个主播，需要面对成千上万的粉丝。文字留言、弹幕留言、语音连线……在这个过程中，我们要面对各种各样不同的语言，直白的内容可以轻松理解，但是如果粉丝的话具有"弦外之音"，那么主播就必须听出粉丝的言外之意。否则，我们不仅有可能得罪粉丝，甚至还会让自己的人设崩塌。我就曾见过这样一位主播。

"你觉得×××的技术怎么样？我觉得你比人家差多了。""你喜欢×××，就去×××的直播间，少在我这里放肆！我没时间伺候你！天天拿我和别人比什么比！"这名主播陷入愤怒，忽然表现得有些失态。顷刻间，各种负面弹幕刷屏，粉丝们都在表示："你太没有风度了！""平常表现出来的大大咧咧都是装的！"仅仅只有少数几名粉丝选择维护他。

其实，这名主播没有意识到：这位所谓的"粉丝"留言，目的就是为了激怒他。没有听出这种言外之意，反而被对方激怒，那么势必会气急败坏，一时间形象扫地。如果他可以听出这位黑粉的弦外之音，换一种说法，那么效果一定截然不同。

"技术的高低我没办法评价，毕竟没有直接面对面比赛过。也许有一天我们俩过两招，可能就有答案了。就像你要问关公和秦琼谁厉害，他俩不打一架，谁也不知道。"

这样的语言，不仅会让对方的拳头扑了个空，还杜绝了无意义的争吵，反而显得自己很懂说话技巧，让自己的人设更加饱满。

懂得分析是主播必须掌握的技巧，否则就会被贴上"没脑子"的标签。在分析粉丝的言外之意时，我们一定要做好一点——别着急脱口而出回答问题。

如果意识到粉丝的留言有言外之意，我们不必着急马上进行回复，不妨先将这条提问记下来，思考过后再做回复。有一名主播的方式就很值得学习：在遇到刁钻的问题时，会说"大家的问题我记录啦，抱歉我脑子笨，让我想一想。一会儿这个活动结束了，我统一给大家回复，同意的请打1！"

这种看似贬低自己的回复，一方面给自己争取到了分析的时间，另一方面主动把自己摆在弱者的位置上更容易博得同情，即便回答得不完美，粉丝也不会苛求，甚至还会帮着你解答。

07　如何让粉丝有被尊重的感觉

从某种程度上来说，粉丝就是高手主播的"衣食父母"。从一开始单纯的围观到粉丝开始给自己刷礼物，再到最终带货，粉丝的数量决定了我们的人气，粉丝的购买力决定了我们的变现能力，甚至影响着我们的说话风格和个性塑造。所以，让粉丝享有被尊重的感觉，就能够形成更好的互动。

1. 主动展示粉丝的打赏

粉丝与主播之间的互动，最直接、最"经济"的渠道就是打赏。无论是高额的刷火箭还是数量有限的抖音币，都是粉丝对主播喜爱最直接的体现，也是主播重要的变现渠道。所以，主播必须主动展示粉丝的打赏，让他们感到被尊重，觉得打赏"很有面子"。

"谢谢×××宝宝的打赏，最近大家这么给力，今天我会穿一套新买的衣服哦！"

"感谢×××的火箭，这下，我终于可以换更好的声卡给大家唱歌了！"

在不少收入不错的主播的直播间里，以上这种对话会频繁出现。这就是大主播们的套路：给予粉丝足够的尊重，告诉粉丝自己变美了、设备升级了的原因，就是你们刷礼物的功劳！这种尊重，会形成良性循环，粉丝越被尊重，打赏的欲望就越高；打赏收入越多，主播直播状态越好、设备越好，展示粉丝打赏的热情也就越高！

想想看，你会"炫耀"粉丝的打赏吗？从现在开始，请大声地说出粉丝的名字，即便我们只收到了一枚"抖音币"！

2. 用饱满的情绪感染粉丝

网红直播已经进入2.0时代，现在，不懂得如何尊重、讨巧粉丝，没有情感流露的主播，就不会赢得粉丝的喜爱。也许，在热舞的过程中，忽然对着镜头比个心、卖个萌、撒个娇，都会让粉丝感受到近距离的互动，更具现场感染力，更容易打动粉丝。

3. 记住粉丝的习惯

一万句谢谢，抵不上记住粉丝的习惯并在不经意之间说出来更有力量。尤其对于经常打赏的铁杆粉丝，必须记得他们的习惯，这是对他们最大的尊重。

"今天我带大家一起来吃米线。我记得×××哥哥不吃葱和香菜，那么今天，我也不放葱和香菜哟……"

"我记得××说过最想看陈奕迅的演唱会，别急，接下来我就唱一首陈奕迅的《十年》，你们听听，我模仿陈奕迅像不像！"

记住粉丝的小细节，尊重粉丝的习惯，照顾粉丝的情绪，粉丝对主播的好感度就会如火箭一般迅速提升。所以，在日常直播过程中，如果发现粉丝透露出自己的某个小秘密、小习惯，一定要记在小本子上，在合适的时间"不经意地"说出来，让粉丝感受到你的细心，他的自豪感自然爆棚，从而转化成你的忠实粉丝！

4. 讨好，但不是无底线

主播和粉丝的关系好比甲方乙方。粉丝是"金主"，我们自然要讨好，但是这不等于要卑躬屈膝。想想看，什么样的人我们交往起来最舒服，会相互尊重与理解？一定不是那种永远对自己低声下气的"备胎"，或是让自己永远高攀不上的"男神女神"。

尊重粉丝，是建立在有原则的基础上，让粉丝感到舒服。这种舒服，应当是言谈举止的礼貌、妆容外表上的得体适宜、才艺上的敬业专业、情绪上的不卑不亢，如果只是没有脑子地迎合粉丝，即便人气再高，主播也不过只是个小丑罢了！

Part9

高手主播如何随机应变与救场

直播时,我们不可避免地会遇到各种各样的突发事件,比如自己口误导致粉丝起哄、粉丝提出无理要求、设备硬件出现问题、自己的身体出现问题等。此外,还有直播气氛过于冷淡等棘手问题。主播必须学会随机应变与救场,这样才能避免直播间冷场!

01　直播遇到失误时怎么办

直播遇到失误，几乎是所有主播都会遇到的场景。说悄悄话忘记关麦、准备好的台词忽然忘得干净、说错品牌方的名字……这样的事情几乎每天都在上演。高手主播可以在很短的时间内化解尴尬，随机应变，让一次事故变成塑造个人形象的机会。那么我们该如何学习高手主播化解失误、灵活救场呢？

1. 迅速解决，转移视线

一旦发现出现失误，要做的第一件事情就是迅速解决。装作完全不知情并不是一个好选择，视频直播的特点在于"即时互动"，大量的留言与弹幕会短时间内刷屏，寄希望于谁也没发现显然不是聪明的做法。

失误解决之后，我们还应当转移大家的视线，巧妙地化解尴尬。我曾见过一名主播，是这样处理这种问题的。

某主播正在唱歌，忽然看到粉丝留言听不到音乐声。这时她才意识到自己忘记打开声卡，她立刻停了下来，说："哈哈，我就是故意清唱的，接下来才是正式开始哦！现在，粉丝可以点歌啦！"在这个过程中她快速将声卡调整完毕，直播过程没有出现波澜。

像这类对直播影响不大的失误，我们不妨用哈哈一笑的心态解决问题，转移粉丝的注意力，继续直播下去。

2. 学习谢娜的"将错就错"

其实，解决直播失误，我们最应该学习的人是湖南卫视的主持人谢娜。谢娜向来以"敢想敢说"而著称，失误率颇高，比如当她主持新年晚会的时候，她把生日快乐的英文说出来了，这是非常严重的直播失误；但是，谢娜并没有自乱阵脚，而是沿用她一贯谐星的风格去逗乐观众，掩盖了她的失误。这就是情商高与应急能力过硬的体现，反而赢得了不少忠实粉丝。我们不妨多向谢娜学习，将失误巧妙纠正，成为直播时的一个段子。

4. 下线后再次致歉

对于比较严重的直播失误，即便现场我们做出了有效的处理，但为了避免事件发酵形成互联网负面效应，主播还应该在粉丝群里与大家再次道歉、解释，说明原因。解释要真诚，让粉丝觉得你是一个很重视粉丝情绪的主播。

需要注意的是，在致歉声明中，一定要表现出诚恳的一面，而不是过多为自己辩解、找台阶。网友的细心是不可想象的，如果被网友发现我们的道歉只是停留在表面上，或是口服心不服，那么势必会引发更大规模的口诛笔伐。例如，某知名电视主持人转型为淘宝带货主播，她显然对互联网文化的理解还有很多不足，在某一次直播时出现口误被网友发现后，她虽然也在微博做出澄清，但字字句句都显得"咄咄逼人"，暗示网友在故意"黑自己"，结果不仅没有挽回失误造成的影响，反而更加激发网友的不满，引发了新一轮的抵制行动。由此可见，口误虽然无伤大雅，但是如果处理不好，会导致更大的负面影响。

02 粉丝起哄不配合怎么办

新手主播在直播初期往往会遇到这样的局面：不知道讲什么，只好面无表情地介绍产品，几乎没人愿意与之互动。粉丝听到乏味的时候，不免会一起起哄，让主播下台。

这恐怕是所有主播都不愿面对的场景了：本身已经鼓足勇气打开视频镜头，结果不仅没有得到喝彩，反而是一盆盆冷水泼下来。高手主播这条路，看来真的不好走……

的确如此，高手主播，可不仅仅是"卖东西"这么简单！想要让粉丝听自己的讲述，接受自己的推荐，就必须琢磨粉丝的心理，这样他们才能乖乖配合。面对粉丝的起哄，主播首先不要焦虑，过分在意粉丝的留言，导致自己的节奏被打乱。要让自己的内心保持平稳，这是遭遇粉丝起哄时应对的关键所在。

当然，仅仅只是忽略粉丝的起哄这还不够。将粉丝从起哄引导至配合，才是我们要达成的目标。

1. 设定主播主题

多数新手主播，在开始直播前往往没有进行主题的设定，往往想到什么说什么，结果因内容过于碎片化、跳跃度过高，粉丝根本领悟不到你的点，自然会觉得你的直播很乏味、无趣，因此不配合你，开始起哄。

因此，每一次开始直播前，我们都要先设定直播的主题是什么，先让自己有一个清晰的逻辑，内容可以按照一条主线去发散。这样，粉丝才能跟得上你的节奏，加入讨论之中。

美食、宠物、同事关系等，都是非常容易切中粉丝痛点，且能够不断进行发散的主题。直播前，我们不妨准备好相关材料，避免在直播中漫无目的地找内容。例如，如果上个月我们刚刚去西湖旅游了，那么不妨将旅行的照片准备好，依次与大家分享途中的欢乐。只要我们的内容足够精准且有趣，粉丝就有听下去的动力。

2. 不仅自己讲，还要引导粉丝讲

有的主播会设定好直播主题，也能够分享图片、视频、音乐、小文章等，但却忽视了与粉丝互动，只顾自己一个人在摄像头前喋喋不休，不关注粉丝的情绪如何。结果，粉丝就会觉得主播是在对着镜子自言自语，自然会感到无趣，各种起哄迅速"走了一波"。

在直播过程中，不要忽视与粉丝的互动，尽可能引导粉丝们也分享自己的故事。依然是西湖行的主题，当我们给粉丝分享完一张照片后，可以邀请粉丝语音连麦，让他（她）分享自己与西湖、与杭州的故事。要记得，主播不是冰冷的机器人，也不是单纯卖货，只有与粉丝积极互动，让粉丝对主播产生情感依赖，他们才会接受我们的输出。正如李佳琦，拥有高黏性的粉丝群体才能转化为实打实的销量！

3. 话题要切中粉丝的痛点

主题的设定，一定要与粉丝的兴趣爱好、知识储备、人生经历相吻合，能够切中他们的痛点，这样才能满足粉丝的需求，引起粉丝的共鸣。例如旅行、美食，每个人都有丰富的经历，这样的交流才会有碰撞，有价值。

但是，如果你是一名旅行博主，这次直播的内容却是分享一部电影大师费里尼的经典影片，除非能够做到与主题特别贴合，否则一方面电影本身不是你

的粉丝的痛点，另一方面过于小众、艺术化的电影很难让粉丝理解，所以用不了多久他们一定会不断弹幕"无聊"！反之，如果我们分享的电影是《人在囧途》，一方面它足够接地气，可以照顾到绝大多数粉丝的认知能力；另一方面电影本身与旅行也密切相关，这个时候粉丝怎么可能会排斥与你交流呢？

4. 提前预告，让粉丝知道自己要说的是什么

高手主播，一定不会只活在直播间，还会在微博、贴吧等社交平台与粉丝进行互动。在做直播前，我们一定要在社交平台预告自己直播的主题是什么，这样才能让粉丝提前做好准备，直播开启时立刻找到节奏。看看李佳琦，每天都定时在微博、微信群发布当天的产品是什么、有哪些嘉宾会做客，这样粉丝就可以提前做功课，不至于直播开始时听到话题感到一头雾水。

03　直播气氛一直无法引爆怎么办

观众不足百人、一小时的直播几乎冷场、说什么大家都无动于衷……几乎所有主播在直播初期都遇到过这样的场景。气氛冷如冰箱，粉丝最多的问题就是"主播多大了""主播哪里人"，丝毫没人关注你的直播内容。很显然，这样的直播非常尴尬，很容易打击我们做主播的自信心。

该如何扭转直播气氛过于冷淡的情况？我们寄托于粉丝自己忽然变得积极起来显然是痴人说梦。直播间是我们的主场，我们必须掌握主动权与控制权，引导直播间的氛围，这样才能点燃直播间的气氛。

1. 学会自嗨，是主播的必修课

看看快手带货主播"散打哥"是怎么直播的：每一场直播几乎都用上了所有道具，几近声嘶力竭地渲染，夸张的动作……"散打哥"的每一次直播，都像是一场精心设计过的"表演"，不管台下的观众什么反应，自己要先嗨起来！

自嗨，是主播的必修课。谁愿意看主播不停地对着稿子冷冰冰地念？情绪是会传染的，只有自己真正投入直播的过程中，让粉丝们看到你很兴奋，他们才会受到你的感染，参与到直播互动中。

2. 与粉丝融为一体

互联网直播不是学校上课，网友们不喜欢那些高高在上、炫耀知识的主播。记住：网友看直播是为了消遣，其次才是获得知识，切不可本末倒置。多数直播气氛不佳的主播，往往都正襟危坐，说着高深莫测的话，不苟言笑。换成你，看到这样的主播，势必也会大倒胃口。

所以，我们必须与粉丝融为一体，用粉丝喜欢的方式进行互动，无论我们是哪一类主播。看看知名游戏视频主播"江叔"是怎么做的。

在每次直播开始时，"江叔"都会先和粉丝们一起做游戏，然后再开始技术教学。在教学过程中，江叔丝毫不会端着，如果遇到粉丝说"你的水平还不如我"，他会嘻嘻哈哈地说"对对对，我这水平说实话很菜"；还会夹杂着各种搞笑段子，让教学过程不再那么枯燥。

在勤奋努力的基础上，主播要更加活泼一点、幽默一点、无厘头一点，这种风格最容易让大家投入，加入到直播讨论之中。

3. 分享段子

在直播的过程中，"江叔"会用段子调节气氛，这是每一个主播都必须要学习的。段子能够使人开怀大笑，改变粉丝对主播的态度，活跃气氛，避免粉丝秒退。所以，主播一定要准备好有趣的段子，更好地吸引粉丝。

也许你会觉得，准备段子太难，我给大家分享一个小方法：每天登录"糗事百科"，关注微博如"今天你段子了吗"这样的博主，这些平台与大 V 会分享海量的互联网段子，找到适合自己的段子内容稍加修改，就可以在直播间轻松使用！

4. 分享个人经历

"其实你们不知道，刚进入社会时候的我，比你们过得惨多了。我学历不高，初中毕业就开始在社会上打拼，第一份工作是外卖。我还记得第一天我接了 10 单，但我根本不知道该如何规划路线，有一单两个小时才送到，点餐的客户把我臭骂了二十分钟……"

话音未落，粉丝们立刻刷屏："辛苦了！""根本没想到！""其实我也有类似的事……"

以上这个场景，就是主播通过分享个人经历的方式，实现点燃直播气氛的目标。部分主播很忌讳谈论自己的过去，尤其是看起来有些不够亮眼的过去。但事实上，通过分享人生经历，我们能够获取粉丝的同理心，引起粉丝共鸣，大大提升直播气氛。为什么这种方式百试不爽？

①人人都有不堪回首的过往，或是恋爱，或是求学。相似的经历，会引发粉丝的同理心，产生"主播曾经与我一样"的共鸣。

②网友在某种程度上都有一定的"窥私"心理，主动满足他们的这种心理，会让他们更加关注主播。

所以，主动分享自己的经历，你就会发现直播气氛与往常大不一样。当然，有一个原则要把握好：分享的话题或者内容，一定是积极、正能量的，不能涉及敏感话题。

5. 抽奖

抽奖是最直接、最有效的点燃直播气氛的方式。最常见的直播抽奖是点赞或截屏，通过免费奖品给粉丝带来惊喜。没有人会排斥惊喜，在看主播直播的过程中，动动拇指就能赢得奖品，谁会选择退出呢？

以上这几种方法，一定要配合使用，单纯依赖某一个小技巧效果有限。只要坚持几场这样的直播，就会快速获取更多关注，打造人气爆棚的直播间！

04　身体出现异常后如何补救

多数主播几乎365天不打烊，每天都会定时进行直播。比如李佳琦，一年365天，他直播389场，这就是当下主播的生活状态，甚至比正常工作还要来得夸张。每天坚持这种高强度的直播，身体不可避免会在某一天出现异常，导致直播翻车。遇到这种问题，我们该如何补救？

1. 轻微不适，转移粉丝注意力

如果我们的身体出现了轻微的不适，不影响接下来的直播活动，那么可以引导粉丝观看视频或听歌，在这个过程中迅速进行调整，如坐下休息、喝水、吃药等。在直播前，我们一定要做好应急方案，准备一些电影片段、个人电子写真集、与自己气质相符的歌单等，避免毫无准备手足无措。这种准备也许整整一年都没有用的机会，但是一旦出现紧急情况，它们就是救场的最佳搭档。

2. 中场休息

如果身体不适较为明显，可能会对接下来的直播产生影响，那么不妨进行中场休息，利用 5~10 分钟的时间调节身体状态，缓解身体异常状况。在与粉丝说明这件事时，应当如实说明身体症状，获得粉丝的理解。

3. 致歉结束，公众平台说明

如果身体严重不适无法继续进行直播，则主播不必继续坚持，应当说明情况、表达歉意，及时停止直播。如果我们有助理，可以让助理协助粉丝情绪引导的工作。例如，让助理发布公告说明，表示本场直播结束。

直播虽是我们的工作，但要建立在身体健康的基础上。我很理解不少主播全年 365 天无休假的愿望，但如果与自身健康起了冲突，那么一定要以身体为主。2018 年的最后一天，大连 29 岁网红大飞终于顶不住自己"自虐式"的直播，猝死在了深夜。而在此之前，他在直播中喝下了不少酒甚至香油，身体已经到了极限。这种不尊重自己健康的方式，是我非常不提倡的，所有主播必须引起注意。健康，才是我们直播的前提。

此外，临时结束直播后，主播或团队一定要在社交平台及时说明原因，避免粉丝的各种猜想影响自己的形象。

网易 CC 主播相妄在某次直播时身体不适不得不紧急关闭，随后他在微博及时说明："昨天直播的时候突然身体不适下播，让大家担心了，谢谢大家的关心，我现在没事了。昨天的情况是因为我有点低血压和低血糖，以后我一定会注意，大家也都要注意身体啊。"这则微博不仅没有让粉丝不满，反而满屏都是"注意身体，期待你回来"的祝福。

多数粉丝都会理解主播因为身体不适而暂时停播，及时说明原因比刻意隐瞒事实要更有效果。就像李佳琦，也曾在2019年12月19日当天发微博表示身体不适，向所有女生请假。粉丝纷纷表示理解，甚至还说"我们想要保护他"，为他在网上建设一面保护墙。真诚，永远都不过时！

05　粉丝提出无理要求怎么应对

林子大了，什么鸟都有。互联网更是如此，网友的个人素质、学历、人生经历大不相同，有那些真正喜欢我们的粉丝，他们尊重主播的工作，以积极的态度进行交流互动；但也有一小撮网友，他们总是在我们直播的过程中提出各种无理要求，搞恶意弹幕。面对这样的粉丝，我们该怎么做？

1. 无视

对于粉丝毫无根据的攻击和完全没有任何正当理由的要求，甚至已经涉及人格侮辱，主播最好的选择就是无视。千万不要看到恶心的话语就来气抓狂，和粉丝打嘴仗。这样做不仅不能解决问题，反而会让自己情绪失控，造成不良的影响。

2. 要求房管投诉

如斗鱼等平台，直播间会开设"房管"功能，主播可以指定助理担任，也可以选择信任的粉丝担任。房管的职责，就是维护直播间的秩序，发现不当言论可以第一时间删除、封锁该用户ID、投诉至平台等。我们不妨利用好房管，提前说明直播间的规则，一旦发现有弹幕提出无理要求、人身攻击等，房管都可以采取相应措施，避免恶言恶语不停刷屏。

3. 拖延要求

对于部分粉丝提出的无理但并非人身攻击的要求，我们不妨用拖延的方式巧妙回答。这一点，我们可以学习杨洋。

2018年，帅气暖男杨洋在某平台进行直播时，有网友提出"能不能看到你直播剃头？"这种要求，显然这是杨洋不可能做到的，但是他既没有回避，也没有勃然大怒，而是想了半分钟后说："那我看一下吧，看能不能做到这点。"

这种模棱两可的回答，既没有答应粉丝，也没有回绝粉丝，但巧妙地让这个话题就此打住。随着时间的流逝，没人会再记着这个问题。这就是高情商的体现。对于这类没有攻击性但不合理的要求，主播可以模棱两可地表示"我会考虑考虑"，便能够有效化解当场的尴尬。

4. 巧妙拒绝，并感谢粉丝的关注

对于忠实粉丝提出的"不合理但没有恶意"的要求，我们不妨巧妙拒绝，并感谢粉丝的关注。例如，粉丝的热情很高，每天都要和自己聊天到两三点才肯睡觉，这个时候我们不妨和粉丝说明："特别感谢您的关注，但是很抱歉明天我还要继续直播，如果这个时间还不睡觉，恐怕明天就要带着黑眼圈上线啦！谢谢您的理解！"

同时，在每次下播前，一定要感谢所有粉丝，尤其是给自己刷礼物的忠粉，无论其是否在线，都要表示感谢。如果我们有粉丝群，如QQ群、微信群等，还可以在粉丝群里与粉丝互动，贴出一些动态，让粉丝们觉得他们支持的主播值得他们喜爱，虽然拒绝了自己的要求，但依然很关心自己。这个时候，他们

就不会介意你的拒绝！

5. 有理有据地针锋相对

一味逃避或是拖延，有时候并不能取得积极的效果，这个时候我们不妨有理有据地针锋相对。尤其对于女性主播来说，部分粉丝会说她的成功靠的不过就是一张脸罢了，并提出各种无理的要求，常带有挑衅的意味。面对这种要求，主播可以不再闪躲，主动出击。

"你让我秀身材，说我是卖唱的主播身材不好。你说得特别对，我建议大家就不要看腿了，听歌不可以吗？"

这是迅雷直播的主播姜允儿在某次直播时，遇到粉丝提出无理要求时做出的回复，干脆利落，不畏自嘲，收获掌声一片。面对攻击，针对性地反击才能堵上他们的嘴！

当然，这种针锋相对式的回复，非常考验主播的语言能力、反应能力和情绪控制力，情绪失控、反驳毫无逻辑，不仅不能产生积极的效果，反而会让自己陷入愤怒的情绪。学会自嘲，最重要的是抓住粉丝语言里的漏洞，这需要进行思维、语言能力的长期训练，并非短时间内就可以掌握的。在此之前，我们不妨还是选择无视或拖延。

没有技巧地"怼"粉丝是非常不理智的行为，表面上看你是占了上风，但祸从口出，经纪公司、工会会遭受巨大的压力，认为你是一个不懂得情绪控制的人，并逐渐减少资源倾斜。主播必须要有一颗强大的心脏，把黑粉看成是你直播路上的一个个历练。我们要知道，自己经得起多大的诋毁，就受得起多大的赞美！

06　直播时情绪失控后如何补救

"你太丑了，你还配做主播？"

"弹幕走起！把这个人给我挡住！"

"快回家把你，就这水平还不如我！"

……

相信所有主播无一例外都遇到过以上这样的弹幕留言。我们与粉丝素不相识，彼此没有利害关系，不喜欢可以关闭频道，却为什么要对自己破口大骂，甚至不惜给予人格羞辱？

这是很多主播都想不通的问题。的确，在光鲜亮丽的背后，高手主播们往往要承受海量的攻击信息，哪怕指责是没有缘由的。老手主播也许看到这些留言根本不放在心上，但是对于更多的主播来说，往往无法承受内心的委屈，甚至会在直播过程中情绪崩溃，大哭、愤怒，并与粉丝们针尖对麦芒地"互怼"起来。

主播也是人，也有情绪，所以，完全做到无视负面言论当然不可能。但是，我们也要为自己情绪失控后的行为负责——相对于粉丝，我们在互联网上是传播者，需要约束自己的行为。如果实在控制不住，导致情绪失控，那么我们必须及时补救，避免成为负面热门话题，让自己的形象大打折扣。

1. 主动道歉，说明原因

直播结束，在情绪平复之后，一定要主动道歉，说明原因，即便是粉丝的错。这样做不是因为软弱，而是为了让更多的粉丝看到：自己并不是一个不懂情绪控制的主播。

电竞直播网红 UZI 就曾在直播时因为情绪失控与粉丝发生争执，在直播结束后他没有选择沉默，而是第一时间在微博发布道歉信息，并表示将会调整自己的心态，多数粉丝都对他的这一行为点赞。其实，主动道歉就是为了让喜欢自己的粉丝看到，让他们理解我们的难处，看到我们的成长，接受我们的道歉。只要争取到大多数粉丝的理解，对于那些不依不饶的"黑粉"，我们无视即可。

2. 与起争执的粉丝私聊

如果我们可以确认，与自己起争执的粉丝是"真粉"，仅仅是因为某个问题产生摩擦，那么在微博、微信等公众平台进行道歉后，不妨与这名有情绪的粉丝私聊，说明当时的情况，让他感受到主播的真诚，尽可能让粉丝释怀。这样做的目的，就是为了避免粉丝依然在愤怒的情绪中，在社群里发布各种负面信息，影响自己的形象。在取得对方的同意后，我们不妨将私下的聊天记录截图发布到微博，告诉所有人："我们的问题已经解决！"

3. 让自己有一颗强大的心脏

在正式走进直播间之前，我们就要想到：作为主播，受到外界的质疑和非议是很正常的事。互联网上泥沙俱下，某些素质低的网友就喜欢惹是生非，他们最爱做的事情就是挑刺。马东曾经说过：被误解是表达者的宿命，每一个曝光在公众下的角色都逃不开外界的指点干扰。

所以，我们必须有一颗强大的心脏，无视那些莫名其妙的攻击，将其当作一个笑话，不被情绪所左右。这也是主播情商的体现：如果总是纠结于粉丝的留言，频繁与粉丝开启"互怼模式"，那么我们的直播活动该如何展开？

我给所有主播一个小建议：每次直播前，给自己五分钟时间想象所有人都在谩骂自己，在这个过程中我们要保持着脸上的微笑。这种训练就是一种"脱敏训练"，当我们不再被干扰时，又怎么会情绪失控？

想要成为高手主播，一定要学会控制自己的情绪；如果情绪没有得到控制，那么必须及时做出道歉，让公众看到自己的态度。否则，自己的主播之路会因此戛然而止！

07 直播时设备出现故障后如何处理

如今，直播已经不再是只需一部手机即可，硬件设备需不断升级，声卡、话筒、调音台、补光灯……样样都少不了。

设备的丰富，虽然大大提升了直播效果，但与此同时，也增加了设备出现故障的可能性。所以，主播必须掌握故障处理的技巧，避免因为设备问题让一场原本精心准备的直播秀就此结束。

1. 不影响直播的故障：用幽默稳定现场

对于不影响直播继续进行的设备故障，我们可以用幽默的语言稳定直播间的气氛。例如，补光灯忽然坏了一个，这时候不妨说："哇，看来大家的热情太高涨了，连灯泡都不堪重负！不过这不影响什么，为了感谢大家的热情，接下来我给大家唱首歌好不好？"

2. 较好处理的故障：快速解决问题

直播过程中，有时候我们会不小心碰掉网线，或是不慎将麦克风关闭等，这都属于较好处理的故障，应当第一时间在现场解决。解决后不妨俏皮地对粉丝们说："抱歉各位，刚才我太兴奋了，不小心把网线一脚踹开了，就是这么巧……看来如果我入选国足，估计中国队早就进世界杯了！"

当然，想要快速解决问题，我们需要对直播硬件、网络设备等有一定的了解。包括路由器重启、调音台重启、App 手动更新等，应当提前学习相关知识，这样才能临危不乱。

3. 不太好处理的故障：说明原因，暂时关闭

如果硬件设备故障非常严重，已经无法继续直播，如直播间忽然停电、网络系统故障等，我们在关闭直播室的同时，应当及时向粉丝进行说明。也许我们的个人账号无法使用，那么不妨借助助理的账号说明原因，并及时在社群内公布，避免各种不必要的猜测。

4. 提前准备好备用设备

如果条件允许，最好对重要的硬件准备好备用设备。比如一部充满电量的手机、一支可以正常使用的备用话筒等，一旦出现问题可以在短时间内切换到另外一套设备，这样就能有效避免直播间因为设备故障而不得不被动关闭。

08 高手主播道歉的 6 个技巧

道歉，不只是说句"对不起"这么简单。在网友越来越挑剔的时代，仅仅说这三个字只会让粉丝感到被敷衍，认定主播没有认识到自己错了，反而是因

为经纪人、工会的压力,带着情绪继续与自己"怼"。对粉丝进行道歉时,我们也要掌握相应的技巧,让其心服口服,无话可说,接受我们的歉意。想要成为高手主播,就必须掌握以下这6个技巧。

1. 仔细陈述错误原因

当我们在直播时出现错误后,一定要及时对粉丝说明,陈述错误的原因,对粉丝坦诚相待,让粉丝感受到自己的诚意。含糊其辞的道歉,不仅不能解决问题,反而会让粉丝感到你在敷衍,不满的情绪更加强烈。向对方分析自己错误的原因,诉说自己的难处,一般情况下粉丝都会理解你的苦衷,原谅你的过失。

网红厨师王刚的做法就非常值得我们学习。在粉丝表示王刚选用的食材有可能属于国家保护动物后,王刚没有在这个问题上胡搅蛮缠,而是第一时间录制视频,首先和粉丝进行真挚的道歉,随后展示相关食材并非野生,而是从拥有专业养殖许可证和经营利用证的人工养殖场中购买。随后,王刚在美食节目中,也会特别强调食材的来源,用字幕说明"视频中是人工养殖××鱼"。用一期特别节目进行道歉,并详细陈述其中的原因,这种态度自然赢得了粉丝的好感,没有将事态继续扩大。

2. 夸大自己的过错

网友与现实中的人不同,在互联网上人们更自由,情绪更容易被放大,所以网友发出的批评与指责,往往会更加尖锐,仿佛自己占了绝对的真理一般。

所以,对于向粉丝道歉,就必须让他们看到"爽":夸大自己的过错,让他们觉得自己指责的问题可不是儿戏。所以,道歉的时候深刻一些也无妨,越是夸大,他们越是有这样的心理:"看来他真的意识到这个问题的严重性了,这次我们胜了!"

"作为一名知识主播,我在直播时居然把校(jiào)对说成校(xiào)

对，非常愧对所有粉丝。虽然有的粉丝说这是小事，但我知道这会造成非常不好的影响，尤其对于那些还在学校上学的朋友来说，很有可能造成错误的引导，如果他们在考试中标错了拼音，那我就是罪人了。我接受大家的批评，以后所有视频节目，一定会多次进行校对！没错，这次我说对了，是校（jiào）对！"

这种略显夸张的道歉方式，会从各个角度"堵住粉丝的嘴"，让他们无话可说，接受你的道歉。这个时候，粉丝又怎么可能会咄咄逼人呢？反之，如果主播依然狡辩，认定自己没错，或只是无心之举，那么就会让人设进一步崩塌。

3. 赞美对方的批评

在进行道歉的时候，一定要赞美对方，对他们的批评和监督行为点赞，让粉丝感受到"原来我喜欢的主播不是小心眼的人，这种胸怀值得我们学习"！在道歉正式结束前，不妨这样表达。

"再次感谢大家对我的监督，我虚心接受大家的意见。我要特别感谢×××和×××，及时发现了问题，还有在这里对其他粉丝一并表示感谢。你们的批评是对我的督促，未来我还会一如以往地倾听你们的意见，做好你们的'小公举'哟！"

4. 诚挚道歉，提供补救措施

诚挚地向粉丝道歉，不仅是录制一段视频、编辑一段文字这么简单，更重要的是在行动上表现出自己的悔改之意。所以，道歉的同时，我们还应提供补救措施。对于不严重的错误，不妨给粉丝们发红包，并表示"感谢大家的监督，我一定虚心接受"；对于较为严重的错误，除了对粉丝进行道歉，还应当采取其他补救措施做出行动，比如通过希望工程捐款、向受灾地区捐助物资等，通过这样的补救措施表现出自己的态度。

5. 一定要及时道歉

道歉一定要及时，尤其在互联网时代，多拖延半天，粉丝的不满情绪就会翻倍。就像知名美妆网红博主 Abbily，众多网友质疑其整容。这在美妆主播领域非常常见，即便真的整容了，如果采取积极的态度也可以化解危机，但是 Abbily 却选择置之不理，直到话题发酵至全网，迫于压力才选择道歉与说明。但最佳时机显然已过，虽然洋洋洒洒写了几千字的道歉文，但是还有不少粉丝认为这不过是敷衍，如果话题没有发酵就不会道歉。所以，道歉一定要及时，不要等到全网火力全开时再被动地做准备。

6. 给对方接受你的时间

道歉之后，不可能所有粉丝会立刻原谅我们，总会有一部分粉丝依然在直播间弹幕留言"不接受！""决定脱粉"等。面对这样的留言，不要进行辩解，更忌讳"怼"，表示自己已经认错，为什么还要对自己穷追猛打。这种态度，反而会让其他粉丝认为你根本没有认识到错误，内心丝毫没有悔改之意。

最好的做法，是暂时不做回复，或是简单表示"会以实际行动让大家看到变化"，其他的交给时间。碎片化的互联网时代，网友们的记忆同样很容易被淡化，只要在接下来的直播中避免错误，那么所谓的"黑粉"就会越来越少！

Part10

快速提升沟通效率的45个技巧

沟通是一门艺术。想要快速了解粉丝们想的是什么、抓住他们的心,就必须提升沟通的技巧。直播不同于现实交流,主播必须在极短的时间内迅速找到粉丝的痛点,对其"一击致命"!

01 如何细致观察，沟通先看透的 6 个技巧

主播直播时必然会和粉丝进行互动，这样才能点燃直播间的热情，提升人气与魅力。无论是文字互动、连麦互动还是视频互动，我们都要细致观察不同粉丝的不同特点，分析粉丝拥有怎样的特质，此刻具有怎样的情绪，实现"直播间全员嗨起来"的目标。

1. 观察粉丝的表情

与粉丝进行视频互动时，要观察粉丝的表情，判断他（她）此刻的情绪如何。通常来说，表情夸张的粉丝，往往互动欲望较为强烈，与他们说各种话题都不会陷入"尬聊"，说不定还会给直播间带来点新的话题，对于这类粉丝一定要多引导，加强与他们的沟通。

如果粉丝的表情较为纠结，说明他（她）还不太适应直接视频的模式，有些紧张，对于这类粉丝我们要占据聊天的主导权，不妨问问他（她）喜欢什么歌，然后唱几句缓解气氛，让他（她）放松下来。

2. 观察粉丝的眼神

眼神的观察同样不可忽视。如果粉丝的眼神一直聚焦在屏幕上，则说明他（她）此刻正投入互动之中，可以展开更丰富的交流；如果粉丝的眼神飘忽，说明他（她）有些心不在焉或是紧张，这个时候可以巧妙地引导："哼！我这

样的大美女和你聊天,你却不看着我!看来你的女朋友,肯定比我还漂亮,我吃醋啦!"一个轻松的玩笑,就能让其找回直播聊天的状态!

3. 分析粉丝的语言风格

根据粉丝的语言风格,主播也要调整沟通技巧。如果粉丝的语言生动夸张,则意味着他(她)很善于交流,具有较强的表达能力,此时我们不妨减少说话的频次,满足他(她)"上台"的欲望;如果粉丝的说话较为沉闷,那么在与他(她)交流时,不妨适当穿插几个段子,一方面是为了激活他(她)的兴奋感,另一方面也是为了避免直播间的气氛被拉低。

4. 分析粉丝的习惯

每个人都有不同的习惯,它会直接反映出个人的性格特点,在与粉丝沟通时,主播要学会分析他们的习惯。如果粉丝总是习惯看表,则意味着他(她)有些紧张,时间观念很强,这个时候我们应当语言简洁,快速解答他(她)的问题;如果镜头前,粉丝的桌子、屋子、床收拾得非常整齐,则说明他们注重细节,与这样的粉丝进行沟通,则注意控制节奏,不要随意打断他们,别着急控场,将主动权交对方。通过分析习惯了解粉丝的性格,这样主播才能满足他们的心理需求,更好地与粉丝沟通。

5. 了解粉丝的嗜好

如果我们与粉丝的互动较为深入,这时候不妨了解下粉丝的嗜好。美食主播自然需要了解粉丝的口味,美妆主播则需要了解粉丝买口红的习惯。这样做的目的,一方面是为了加深互动,更重要的是为接下来的直播活动收集素材,为这名粉丝进行精准的解答,让他(她)更加信任我们。所以,一旦了解了粉丝的嗜好,一定要记录下来,未来互动时可以照顾到每一名粉丝,这是对粉丝最大的尊重与关怀。

6. 观察粉丝的穿衣打扮

粉丝的穿衣打扮风格，我们也要仔细观察。如果粉丝穿了一套精致的衣服，则意味着他（她）是一个很仔细认真的人，非常注意自己在镜头前的状态，所以交流时一定要严谨、仔细；如果他（她）是一身居家服出镜，往往说明他（她）是一个性格随和、热衷交流的人，那么语言不妨轻松一点，邀请他（她）唱首歌、讲个段子，会让直播间的气氛更加融洽。

以上6个沟通技巧，主播必须掌握，在直播过程中灵活应用。真正顶级的主播，不亚于一名心理分析师，可以根据沟通对象的状态说出有针对性的话。否则，只有套路没有变化，只会让粉丝们觉得"没有情商"。

02　说好"称呼语""敬语""客套话"的3个技巧

通过细致的观察，我们找到了粉丝的不同属性，与他们进行交流时，就要注意他们的好恶与习惯，选择他们最喜欢听的话去说。尤其是对于新粉，我们不了解他们、他们也不了解我们，初次交流时一定要说好称谓，免得造成尴尬。我曾见过一名性格外向的东北主播，见谁都喜欢叫"大姐"。结果有一次连麦，对方是个刚看他直播不过两次的小姐姐"路人粉"，结果主播一开口就是大碴子味儿的"大姐"，小姐姐脸色立刻大变，粉丝们也刷屏开玩笑说"你都可以当人家爸爸了，还管人家叫大姐"，闹得直播间气氛一时非常尴尬，最后主播不得不三番五次地道歉才避免小姐姐当场发怒。

线上直播不同于在现实生活中的交流，更轻松更自由，甚至有时候毫无节操，但不等于主播可以完全不顾及对方的情绪。我们要明白：自己有人设，但粉丝没有。粉丝不可能如我们一样永远笑脸相迎，必须顾及他们的感受，尤其在称谓上要慎重，避免尴尬。

1. 如何说好"称呼语"

所谓称呼语，就是先生、女士，在直播间，这种称呼语还包括了更加网络化的小哥哥、小姐姐、萌娃等。愿意到直播间看主播的人，多数都不会排斥这些网络用语，尤其对于女孩子，"小姐姐"的称呼语远比"大姐""女士"这样的词汇更具趣味，更容易赢得粉丝的好感。

当然，需要注意的是，对于容易产生歧义的网络用语，要谨慎使用。

某主播直播时收到一名新粉丝的建议，然后他说："这个杠精的意见，有点意思。"原本是想着开个玩笑活跃气氛，谁知对方听到"杠精"这个词大为不满，不断在直播间刷屏，使得当天的直播效果非常差。

一定要了解各类互联网流行词的内涵，避免在与粉丝交流时使用不当，造成不必要的误会。

2. 如何说好"敬语"

所谓敬语，就是一种尊重的称呼，包括您、老师、前辈等称谓，也包括请、劳驾、辛苦等这样的助词。在互联网上，敬语同样应当按照现实的规则进行灵活使用。

通常来说，我们需要使用敬语的场景，往往是与粉丝进行深度交流，或是粉丝提出了专业的问题，并做出专业性的建议时。例如，直播时我们的话筒忽然没了声音，这时候有粉丝通过远程指导帮助我们解决了问题，此时就应使用敬语对粉丝表示感谢："谢谢×××老师的指导，感谢您帮助我解决了难题。我们直播间真是藏龙卧虎，再次向您表示感谢！"既体现出了我们的礼貌，也能让粉丝收获满满的自豪感，增强黏性。

3. 如何说好"客套话"

直播时，客套话也是必不可少的内容。李佳琦每次开场时的"所有女生，你们的魔鬼来咯！"就是一种客套话，它够魔性够精准。久而久之，这种客套话反而形成了一种独特的风格，成了李佳琦的标签。所以，我们不妨也针对自己的粉丝，设计一套独特的"客套话"，并逐渐形成自己的专属风格。

03　与不同性格的粉丝沟通时的10个技巧

直播间就是一个小社会，我们面对的粉丝各有不同，单一的沟通技巧很显然不可能让所有粉丝满意。所以，我们必须根据粉丝的性格特点，采用不同的沟通技巧，尽可能做到服务好每一位粉丝。以下这10类粉丝，是在直播时最常见的，我们要采取不同的沟通方式。

1. 较为死板的粉丝

这类粉丝有一个特点：较为偏执，会通过留言、弹幕、语音等多种方式与主播和其他粉丝"杠"，尤其认定自己掌握了"真理"时。甚至，他们都不会注意你在说什么，就在直播间里一个人喋喋不休。面对这样的粉丝，我们不要操之过急，先看看他的发言内容，然后告诉他："收到！这一点我的确没想到！以后我多学习，私下我请教您！"其实，他想得到的就是认同，让他先暂停无休止的刷屏，私下与他闲聊，他既会感到满意，也不会破坏直播间的秩序。

2. 喜欢炫耀的粉丝

有一类粉丝特别喜欢在直播间炫耀，或是自己优先买到某款产品，或是与主播一起吃过饭。对于这类粉丝，我们一定要公开赞美他五次以上："×××的确是直播间的大神，我也很羡慕他（她）！"让他（她）的虚荣心得到满足，就会保证直播间的秩序。

3. 深藏不露的粉丝

有一类粉丝属于"真大神"，也许粉丝群里这类粉丝只有一两个，很少刷留言、弹幕，但每一次发言都非常专业。对于这类大神一定不要忽视，只要他（她）发言，就一定要号召所有粉丝认真聆听；定期还可以邀请他（她）作为直播嘉宾讲述一些专业的内容，会让他（她）感到受尊重，也愿意与主播互动。日常直播中，我们不必刻意点名，因为他（她）喜欢"神龙见首不见尾"的生活，但在涉及专业内容时，一定不要忘了这些大神！

4. 急性子的粉丝

对于急性子的粉丝，在交流互动时要简洁明了、不拖泥带水，尽可能几句话就切入要害。例如，粉丝急于表达对某个口红的意见但语言啰唆，我们不妨直接替她总结："你的意思是这款口红颜色不适合自己，对吧？其实解决方法很简单……"

5. 狂热型粉丝

狂热型粉丝最典型的特点就是几乎天天都在直播间，热衷留言、热衷刷礼物。这是直播间最需要的粉丝，所以在与狂热型粉丝交流时，一定要对他（她）刷礼物的行为表示感谢；如果某一天没来，还应在直播间咨询其为什么消失，刻意表现出对他（她）的关心和关注。

6. 小清新式的粉丝

所谓小清新式的粉丝，就是他们同样非常关注自己，但是性格温和，留言内容较为暖心，会提出直接且合理的意见，比如"其实你的风格更适合欧美范儿，今天的衣服稍微有些不搭。"对于这样的粉丝，不妨直接告诉他（她）："谢谢你的意见！明天我就换一身，到时候你还要来哟！"这会让他（她）感到自己很受重视。

7. 幽默型粉丝

有一些粉丝非常善于发挥，可以抓住主播的一个小口误，立刻编成笑话。对于这样的粉丝，只要内容不涉及人身攻击，就不妨同样幽默地回应他（她），甚至可开辟一个"段子时间"，特别邀请幽默型粉丝做主角，让他们尽情释放自己的才华。有这样的机会，他们也一定会对我们非常感激，最终成为铁粉。

8. 多愁善感的粉丝

某些粉丝心思细腻，容易陷入多愁善感的情绪，尤其在我们语音连麦时，往往会对自己过分担忧。对于这样的粉丝，一定要耐住性子，让他（她）说清楚内心的困惑，然后为其解答。即便看似很简单的问题，也要认真回复，让他（她）觉得自己真的受到了关注，有人真诚对待自己，他（她）与我们的情感交流就会更加真挚。

9. 细心的粉丝

细心的粉丝会注意我们说话的细节，发现有小漏洞时会在第一时间做出提示。对于这样的粉丝要立刻表示感谢："感谢×××的指正，刚才口误说错话，向大家道歉！希望×××以后还能帮助我发现问题！"一定要说出他（她）的名字，让他感受到自己的认真仔细是有价值、有意义的。

10. 沉默型粉丝

直播间里数量最多的粉丝就是"沉默型粉丝"，他们不喜欢留言，只喜欢围观。即便在李佳琦这样顶级网红主播的直播间，每天勤快留言的粉丝也只占所有粉丝的很小一部分比例。对于"沉默的大多数"，主播在交流时不妨做一些积极的引导："没有说话的朋友们，如果你觉得今天的音乐还可以，打1即可，让我看到你们哟！"多用"我们"这样的字眼，让他们感受到"共情"，虽然多数粉丝依然不会积极留言、刷弹幕，但是至少会对我们的直播间产生微妙的情感，愿意每天来围观。

04　与不同脾气的粉丝沟通时的9个技巧

主播的脾气各有不同，粉丝的脾气同样也是千变万化。面对不同脾气的粉丝，我们又该如何做好沟通呢？

1. 对脾气急躁的粉丝

脾气急躁的粉丝很容易陷入暴怒的情绪中，与其他粉丝吵、与主播怼，但偏偏又是直播间的常客。对于这样的粉丝，主播不必硬碰硬，他们的情绪来得快去得也快，要多说软话，把他们的气理顺了，自己控制住情绪，基本上就能解决问题："好啦，×××别生气了，我觉得你说得没错，如果我能做到，一定会尝试的！"脾气急躁的粉丝并非"黑粉"，他们只是讲道理的方式太过强硬，只要加强与他们的沟通，几分钟后他们就会平复心情。

2. 对唠叨型粉丝

有一类粉丝特别喜欢唠叨，一个问题没完没了地刷屏，给其他粉丝带来不佳的体验。对此，主播不妨用一种"温柔的警告"来提醒他（她）："×××，你的建议我看到啦，谢谢你的关注！不过，还是不要频繁刷屏哟，否则有可能会被房管禁言，一定要注意哦！"

3. 对过分冷静的粉丝

无论直播间气氛如何热闹，有一类粉丝永远都是"冷眼旁观"，即便与主播连麦声音也是冰冷的、机械的。对于这样的粉丝，主播要理解：他们的脾气天生如此，虽内心火热但外表还是能够表现出冷静。对于这样的粉丝，我们不必强求他们"嗨起来"，不妨按着他们的习惯，顺着他们走。其实，他们一直留在直播间，这个行为就已经说明对我们的喜爱了。

4. 对好好先生/好好小姐型粉丝

"是，你说得对，我错了。"好好先生/好好小姐型粉丝表面上看起来很懦弱，一旦遇到与主播或其他粉丝争执，往往会选择逃避，但内心却是一万个不高兴，只会在心里生闷气。遇到这样的粉丝，主播一定要及时进行安慰："咱们只是聊天罢了，其实我想了想刚才你说得也没错，只是角度不同。我代表×××向你道歉！"一定要给他们送上安慰，不然负面的情绪在心里发酵，也许他们事后会在社交平台对主播发起攻击。

5. 对慢吞吞的粉丝

脾气慢吞吞的粉丝，说话总是不急不躁，留言打字同样如此，主播往往需要较长的时间才能明白他们要表达什么，这会严重拖慢直播间的节奏，让其他粉丝也不耐烦。对于这样的粉丝，我们不妨如此沟通："×××，你可以把内容编辑好，然后私信发给我，我再直播回答。后面有一个朋友，已经急得要炸雷啦，咱们先让他（她）上台！记得给我私信哦！"这样做既尊重这类粉丝的习惯，又不耽误直播，一举两得。

6. 对脾气多变的粉丝

脾气多变的粉丝，今天直播时可能是全场最活跃的人，不断抛出各种段子，第二天却可能会因为主播或其他粉丝一句话而不断负面刷屏，脾气转换非常频繁。其实面对这种粉丝，不必太过强求他（她）做出改变，只要说一句："×××今天怎么了？是不是遇到什么事儿了？如果方便和大家说，我们一起帮你想办法。"脾气多变的粉丝往往都有一种"我需要被关注"的心理，只要他（她）看到主播关心自己，负面情绪很快就会烟消云散，再次回归到积极的互动中。

7. 对快言快语的粉丝

所谓快言快语，就是说话"不经大脑"，有时候这类粉丝留言的内容对其他人造成了伤害，但是他们却浑然不知，只是凭着兴奋劲快速发出。主播一定要用幽默的方式提醒他们："喂喂喂，×××你的留言有点意思，你可要当心哦！开个玩笑，大家别介意，×××思维特别快，但没有恶意！"善意的提醒会让他们发现自己的问题，会及时做出道歉和说明。切记，不要打压这样的粉丝，虽然他们的发言偶有漏洞，但他们却是直播间最不可缺少的活跃粉丝，是点燃直播间气氛的关键。

8. 对敏感型粉丝

听到主播讲述一个故事、看到其他粉丝留言说起一个人，敏感型粉丝往往会表现出强烈的代入感，陷入沮丧、悲观的情绪，认定是在说自己，留言不免充满负面和攻击性。这个时候，主播不妨第一时间与其连麦，引导他（她）说出内心的困惑，然后告诉他（她）："你特别细腻，这是特别好的优点。但是千万不要放大别人的故事,你是独一无二的,你和别人不一样!"给予他(她)足够的自信心,敏感的粉丝就不会再情绪失控。

9. 对好脾气的粉丝

好脾气的粉丝所有主播都喜欢,他们不介意开玩笑,遇到其他粉丝的攻击往往也会一笑而过,不会暴跳如雷。这样的粉丝我们一定要维护好,经常邀请他们连麦聊天,这样做的目的是为了给予他们足够的尊重,让他们感受到在直播间很温暖!

当然,看到他们遭受其他粉丝无缘由的指责,我们也要挺身而出帮他们化解尴尬:"×××,请注意咱们直播间不允许人身攻击哦!如果你对谁有不满,可以私信和我说。"好脾气的粉丝是我们在直播生涯中最重要的粉丝群体,他们也许不会表现得过分热情,却是在背后最支持我们的人。

05 与不同年龄的粉丝沟通时的3个技巧

粉丝的年龄不同,他们的人生经历、对于新鲜事物的理解和掌握能力也各有不同,想要提升沟通效率,主播就必须采用不同的沟通技巧。对于不同年龄的粉丝,沟通时应当采用以下这几种方法。

1. 与年龄较小的粉丝沟通:放低姿态,一起互联网化

多数直播平台的用户都呈现"低龄"的特点,多为大学生或刚刚走入职场的人。他们深谙互联网文化,不介意网络化的思维和语言,所以与这类粉丝沟通,不妨轻松一点,放低姿态,跟着他们的思路去玩,哪怕看起来有些可笑,但最

容易打动他们。

"先森，我的脚好疼，但你要战，我便战！LOL 连线走起！老铁们，一波 666 刷起！"

也许在父辈人看起来，完全不明白这是在表达什么，但在年轻人看来却特别接地气，特别自我。与年龄较小的粉丝沟通，要有与他们同龄的心态上，善用网络语言，敢于自黑，很快就能赢得这个群体的喜爱。

甚至在某些时候，发现他们的观点幼稚、漏洞百出，也不要生硬地指责，这个年龄的人往往比较自大，最不喜欢听说教。尊重他们的这种自大吧，想想看我们年少时，不也是如此吗？

2. 与同龄粉丝的沟通：平等交流，敢于"互怼"

对于同龄粉丝，因为阅历较为接近、观点大致相同，不存在你高我低的角色定位，所以在交流时，不妨硬气一点。遇到彼此并不认同的观点，甚至可以"互怼"起来。

当然，这里的"互怼"，并不是指气急败坏的争执，而是围绕观点展开讨论。例如，与同龄粉丝交流起"年轻人的首份工作应该选择大公司还是小公司"的话题，我们不妨以自己的经历、身边朋友的经历为例来表达自己的观点。不必气急败坏，更不要表现出"我是主播你是粉丝"的高姿态，对事不对人地去互动，这既是对粉丝的尊重，也会给直播间带来更有深度、更具思考性的话题和内容，让直播间的档次更高。

"互怼"的过程中，还要不时赞同对方的意见，表明对方是一个有想法的人，则彼此的沟通会更加顺畅，给直播间带来积极的氛围。

3. 与年长粉丝的沟通：多听少说

一般来说，关注网红、热衷直播间的人，往往都是年轻人，较为年长的中老年人并不多。一旦遇到这样的粉丝，最重要的原则是"多听少说"。这类粉丝有时候甚至是我们父母的同龄人，他们阅历丰富、看待事情更加全面，所以我们要体现出尊重，多听少说，体现出自己尊长的美德，切勿急躁反对。当年长的粉丝发言结束后，我们还要号召所有粉丝："感谢×××大叔，让我们一起给他送上掌声，希望您能经常来这里，和这些年轻人交流。他们也很喜欢您！"

06　与异性粉丝沟通时的5个技巧

作为一名男性主播，李佳琦却能够在美妆带货直播领域做得风生水起，粉丝几乎都是女性，让人不得不惊叹李佳琦对于异性心理的把握。与异性粉丝沟通，只有漂亮的脸蛋、帅气的侧脸远远不够，我们如何能像李佳琦一样，收获大把的异性粉丝？

1. 揣摩异性粉丝的心理，说他们最想听的话

想要赢得异性粉丝的好感，就必须站在异性的立场上说话，揣摩他们的心理，说他们最想听的话。看看李佳琦是怎么说话的。

"啊，好闪！五克拉的嘴巴！"

"很像那种淋过水的砖头，很显皮肤白！"

"太樱桃本人了吧!"

"涂上你就是超模!"

李佳琦的粉丝都是异性,所以他用了女性最爱的词汇,如"闪""皮肤白""樱桃""超模",这种赞美就像抹了蜜一般,直击粉丝的内心。了解异性粉丝最希望得到的是什么,有针对性地说出那些词,他们怎么可能不喜欢你?反之,如果你的粉丝有不少是男性,但你每天都将"好萌""嫩得掐出水""真像小姐妹"这样的话挂在嘴上,异性粉丝怎么可能会产生共鸣?

2. 不必对异性拘谨,但要保持界限

网络世界更自由、更无束缚,所以主播在与异性粉丝互动时,不必太过拘谨。例如,有些女主播会主动和男粉丝们称兄道弟,打造出一种"女汉子"的人设,这很受异性粉丝的欢迎,主播不再只是小鸟依人地发嗲,反而会形成一种特别落差美。

但是,这种不刻意拘谨一定要保持一个度,不要为此自鸣得意,打探异性粉丝的私生活。我们并不知道异性粉丝是否有对象,不知道其是否在意对象向主播透露隐私,随意跨越界线,很容易引发不必要的麻烦。

3. 多赞美对方的优点

每个人都喜欢被赞美,尤其是被异性赞美,这会满足他们内心那份最柔软的虚荣心。所以,面对异性粉丝时,不妨多赞美他(她)的优点:"这位小哥哥好帅气,真有一些金城武的味道""怎么说呢?能请到这么漂亮的美女做嘉宾,我估计今晚所有男粉丝们都睡不着了"。适当地夸张异性粉丝的特点,对方就会觉得你是一个特别会说话的人,特别会欣赏"美"!

当然,这种赞美一定要把握分寸,不要开低俗的玩笑。否则会被异性认为是"性别歧视"。

4. 照顾异性粉丝的感受和爱好

在直播过程中，要考虑到异性粉丝的感受和爱好。通常来说，女性更喜欢聊电视剧、购物、娱乐时尚等话题，男性更喜欢讨论运动、事业等内容。所以，适当抛出一些异性感兴趣的话题，会大大提升对方的好感度。我曾经见过这样一位主播，就非常值得我们学习。

某个女主播的直播内容主要为唱歌，有一天她唱完汪峰的歌，忽然说："想问一下各位男粉丝，对于汪峰这种工作狂大家是怎么看的？男孩子在工作时，是不是真的会特别投入，其他什么也不管？"顿时，男粉丝的弹幕占满了屏幕。

即便我们的粉丝中，异性粉丝只占一小部分，也要照顾到他们的情绪，引起他们的共鸣。只顾讲自己感兴趣的话题，就会让异性粉丝感到乏味，久而久之选择取关。

5. 邀请一名异性嘉宾

我们还可以邀请一名异性作为直播嘉宾，加强与异性粉丝的互动。这在游戏直播主播身上非常常见，男配女的直播模式，既可以实现"专业"，又能够兼顾"养眼"，照顾到异性粉丝的需求。所以，找自己相熟的异性高手主播，或是从粉丝群里选拔一名异性做嘉宾，都是建立与异性粉丝更深层次交流的好方法。

07 与名人大咖沟通时的 4 个技巧

为了不断给直播间带来新鲜感,提升直播内容的专业性、直播宣传的噱头,不少主播还会定期邀请名人大咖走进直播间,与粉丝互动。名人大咖具有一定的社会影响力,照搬与粉丝沟通的技巧显然走不通。那么,如何做到既让名人大咖在直播间聊得开心,又不至于抢过主播的风头?

1. 夸张化的欢迎,满足大咖的虚荣心

名人大咖也是人,尤其在互联网成名的名人大咖,会更加注重"仪式感"。所以,当名人大咖来到直播间时,主播一定要表现出夸张的姿态,引导粉丝们嗨起来:"现在,欢迎全网最受欢迎的 ××× 来到直播间!老铁们,别吝啬你的键盘,大声说出对 ××× 的期待吧!"

如果名人大咖有一大堆头衔,那么一定不要忽视任何一个介绍,完整、清晰地说出每一个头衔,最好还能配合上为其专门制作的音乐,让名人大咖走进直播间仿佛有了"走奥斯卡红地毯"的错觉。只要他们的虚荣心得到最大限度的满足,配合我们的直播活动自然不成问题。

2. 不迷恋主导权,配合名人大咖的直播

名人大咖走进直播间,意味着本场直播的噱头、焦点就是他们,所以在这个过程中,我们不必太在意直播主导权,尽可能让名人大咖多说话。如果自己

喋喋不休，根本轮不上名人大咖说话，一方面伤害了名人大咖的自尊，另一方面我们费力邀请名人大咖也会没有效果。

当然，主动让出主导权，并不等于完全不说话。主播可以协助名人大咖进行直播，例如，当名人大咖说完一段较为重要的内容后，主播不妨说："刚才×××老师说的内容特别重要，大家一定要拿出小本子，记录下这几点……"主动去做名人大咖的"助理"，一方面是为了控制直播节奏，另一方面也能体现出自己的高情商——既赞美了大咖，又服务了粉丝。

3. 尊敬可以，但别卑微

我们可以去配合名人大咖的直播，但是不要因此就显得无比卑微，毕竟这个直播间是我们的主场，不要让粉丝们觉得自己被嘉宾控制。粉丝们是因为你才来到直播间的存在，尤其对于那些忠实粉丝。所以，在与名人大咖沟通时，遇到观点不一致的地方，主播可以礼貌地与其进行讨论，用数据、事实做观点，而不是一味地说"对对对，是是是，好好好"。

4. 与名人大咖形成"联盟"

在直播之外的时间，我们也要与名人大咖加强互动，形成"主播联盟"。例如，积极转发名人大咖的活动微博，为名人大咖的活动背书，走进名人大咖的直播间做嘉宾……这些都可以加强我们与名人大咖的关系，为未来更多的合作奠定良好的基础。

08　能说会道，说话滴水不漏的 5 个技巧

主播坐在直播间，看不到任何一个人，但在摄像头的另一端，却有成千上万的网友在关注着我们，稍有不慎就会被粉丝发现漏洞，立刻刷屏表示"被伤害"。冯提莫、李佳琦……这些顶级直播网红都曾因言语不慎而被网友声讨，所以想要做好主播并不是那么简单。那么，该如何做，才能保证自己能说会道，说话滴水不漏？

1. 给自己留点余地，话别说得太满

"今天推荐的这款面膜特别好用，我以人格保证，对所有人都有效！"

为了促进销售，在带货时不少主播都会如此信誓旦旦地承诺。但是，研发专家尚且都不敢保证某一个产品对所有人都有效，更何况我们带货的面膜？如果粉丝使用后发现根本达不到效果，自然会对主播的人品打问号，甚至形成联盟"黑"主播。所以，不要把话说得太满，给自己留点余地，多用转折，在做出承诺后表示："但需要提醒的是，我们必须注意作息，早睡早起，同时也要控制饮食，否则很可能效果不明显。"这种转折既给自己留足了余地，也避免了粉丝咬文嚼字。

2. 尽可能不要直接与粉丝"互怼"

在直播的过程中，尽可能不要与粉丝直接"互怼"，即便粉丝存在明显的认知错误，或是不当的批评。相比较已经有了人气的主播，粉丝只是一个普普通通的"素人"，一旦受到有话语权的人直接的否定，往往都会产生不高兴的心态，能够心平气和接受的人少之又少。

所以，避免在直播时与粉丝"互怼"，不要随便得罪他们。"你说的这一点，让我好好想一想，直播结束后，我也会查查相关资料，看看究竟是怎么回事。"这种回答就非常巧妙。

当然，我们不是不可以纠正粉丝的错误。最好是直播结束后在微博用调侃的方式，巧妙地指出粉丝的错误。这样对方也不会立刻被激怒，表现出情绪失控。

"今天直播的时候，有朋友说这个产品是中国产而非德国产。我在微博官方回应一下：直播结束后我赶紧联系了供应商，得知原来这个产品有两款，这一点很少有人知道。而我代理的这款就是德国产的，哈哈，大家惊不惊喜，意不意外？"

3. 互动时说的话过一下脑子

在非互动时间段，主播直播时可以按照自己的想法侃侃而谈，它不涉及粉丝，通常不会引起误会；但是在与粉丝互动的过程中，主播一定要注意说话的方式和内容。有些话可能你不经大脑思考就说出来，等到你再去回想这句话时，其实你也会觉得不妥，但此时已经引发粉丝的抗议。

某主播就曾经因为一句"是想让你们换代言人吧"而引发大量网友的不满，说错话几乎是高手主播最大的"自杀性武器"。说话前先想一想是否得体，降低出口得罪人的频率，这样才能提升与粉丝沟通的效果。

4. 赞美粉丝赞到具体的点上

没有人不喜欢听赞美，但也没人喜欢听敷衍的赞美。例如，面对一个胖子粉丝，却称赞其"苗条"，恐怕粉丝会认为你这不是在赞美，而是在挖苦。赞美粉丝，一定要赞美到具体的点上，例如，"哇，你的这身衣服很卡哇伊，能给我一个链接吗？""我感觉你的这个口红颜色特漂亮，和你的肤色很搭"，这种具体的赞美会让粉丝觉得你不是夸夸其谈，而是发自内心，可以迅速拉近的距离。

5. 既不要敷衍粉丝，也不要忽视其他粉丝

直播间不同于 QQ 好友、微信好友之间点对点的聊天，我们还要照顾其他粉丝的情绪。所以，在与粉丝互动时，不要只顾和某一位粉丝聊得火热，却没看到其他粉丝已经感到非常无趣，抗议声四起。

用简洁且精准的语言与粉丝沟通，更多的内容可以在其他时间私下交流："你和爸爸的关系不好，我特别理解，其实有几年我和家人的关系也很差，他们认为我不务正业，整天就是对着手机和电脑。我看到好多朋友都有这个问题，这样吧，我明天加一场直播，大家一起聊聊这个。明天×××希望你还能来，咱们一起想办法！"这种回复既照顾到了互动粉丝的情绪，又关注到了其他粉丝的心态，这样的主播，有谁不喜欢呢？

Part 11

高手主播如何销讲与促成成交

想成为高手主播,你就必须学会如何销讲与促成成交。我们是否具备完善的销讲逻辑,是否可以精准地找到粉丝的需求点,是否能够将决定权交给粉丝而不是强买强卖,是不是可以讲一个简短但却动人的故事……这些都将影响到主播带货的成交率!

01 直播主播销讲的 9 个逻辑

主播之所以要做直播,除了向粉丝传达思想、分享知识,更重要的是要能留住粉丝、转化粉丝,并促成成交。虽然每位主播做直播的目的不尽相同,但逻辑大体是一致的。

无论是淘宝直播、快手直播、抖音直播,还是现在风头正劲的微信小程序直播等,核心目的都是成交。

高手主播之所以能够一场直播就成交海量的订单,其核心还是遵守了销讲的逻辑。

那么,主播在直播平台上销讲时,要遵守哪些逻辑呢?我个人总结了 9 个逻辑。

1. 我是谁

对主播来说,"我是谁"代表着身份认同。这个身份认同如果强化得足够有价值,就是一个人的 IP。

李佳琦是"口红一哥",这是他的身份认同。而抖音平台上的主播"老爸测评",则专门花费巨资进行产品测评,他的身份既是有亲和力的父亲,还是懂得甄选产品、测评产品的达人。

每位主播必须给自己做好定位,既"我是谁"。

2. 粉丝为什么听我讲

粉丝之所以愿意听主播讲，目的之一就是希望在直播间有所收获。如果主播不能给粉丝提供价值，粉丝自然不会留下来。每次直播，主播要讲1~2个小时，在这些时间里，大家为什么听我讲，我能给粉丝提供什么样的好处？这是主播需要想清楚的。

比如粉丝来我的直播间，就是为了听我讲演说技巧，听我讲如何经营企业、经营家庭，这是我提供给粉丝的价值，如果我讲的东西没有意义，粉丝都跑了，何来成交？

3. 我凭什么给粉丝讲

在人人都能做主播的时代，为什么有人会脱颖而出？为什么李佳琦直播时，有那么多人愿意听他讲、买他推荐的东西？除了李佳琦已经形成的影响力之外，更重要的是，他有资格去讲。李佳琦在做主播前，本来就是美妆顾问，他拥有这个领域的相关专业知识，也就是说他有给大家讲的资格。

4. 我要讲的是什么

每场直播，粉丝都会冲着某个目标而来。看人力资源领域的大咖做直播，是想获得相关领域的知识；看农村网红做直播，是对乡村生活好奇。每位拥有大量粉丝的主播，都会有意无意地聚焦于自己擅长的主题。

主播们要想清楚，我开直播要讲什么？如果只是普通的唱歌、跳舞，跟粉丝互动，谁都可以做。而能留住粉丝的，只有那些能聚焦主题的主播。

5. 我讲这些对粉丝有什么好处

能给粉丝提供结果，就是给粉丝提供了好处。即使是向粉丝推荐了一款很好的产品，也是提供了好处。当然，除了成交的好处，还有额外的福利，如附赠赠品、介绍好的书籍等。总之，主播要想清楚，能给粉丝的好处是什么，提供什么样的好处粉丝能留下来。

6. 我怎么证明自己所说的是真的

主播在直播时，一定要有所准备，比如证书、实体产品、视频、图片等，在直播的过程中，要不断向粉丝证明，自己讲的、推荐的，都是真实存在的，是可实现的。

7. 粉丝为什么要听话照做

在直播到一定的节点时，主播会向粉丝推销，那粉丝为什么要听话照做？除了前期的铺垫和说服外，粉丝需要一个充足的理由和动力去付款。这就涉及相关的成交心理和成交技巧，主播一定要学习相关的知识。

8. 粉丝为什么要立刻做决定

主播在直播时，要适当营造紧迫感，通过限时抢、限量抢等方式，推动粉丝快速做决定，快速成交。在推动粉丝成交时，一定不要扭扭捏捏，而是要富有感情地介绍产品。向粉丝推荐产品，本身就是在解决粉丝的需求，这没有什么不好意思的。

9. 粉丝该怎么做

在销讲过程中，主播一定要安排一位助手明确引导粉丝成交，应如何操作、领券的步骤和流程等，一步步告诉粉丝。要明确指令，粉丝才能跟着照做。到了这一步，其实粉丝已经完全信任你了，只需要帮助他们顺利付款即可。

以上是主播在直播销讲时需要遵守的9个逻辑，懂得这些逻辑能够帮助主播稳定吸引粉丝、积极成交。同时让主播在直播间进行销讲时轻松自然，如鱼得水。

02 高手主播从不销售产品，只帮助粉丝解决问题

带货主播千千万，但真正能称为"奇迹"的，两只手就能数出来：淘宝直播平台的李佳琦，快手的散打哥、娃娃姐等。为什么他们能实现带货破亿的奇迹，而我们的直播间一个月加起来的销售额才不过数千？很大的一个原因，就是我们将自己当成了"导购员"，只是将平台从超市搬到了直播间。但如李佳琦这样的顶级带货主播，却从来没有考虑过"销售"产品。他们做的只有一件事：帮助粉丝解决问题！

来看看李佳琦是怎么做的。对于口红，他几乎对每一款都能做出非常精准且巧妙的描述，几乎不是在形容口红，而是在形容一道美食、一部电影。他所做的，就是唤醒粉丝的想象力，制造一个让粉丝陶醉的场景。

"涂了这支，你的嘴巴就是削了皮的水蜜桃，引人犯罪。"
"接吻到流血的感觉。"
"感觉嘴唇就是Q弹的芝士果冻，好想咬一口哦。"
"失恋的时候，涂这支口红，老娘重获新生，你是什么东西？"
"小精灵在嘴唇上跳舞。"
……

李佳琦没有用传统销售那种老套的手段，而是引导粉丝去感受产品的美妙，让每一个粉丝幻想自己使用时的模样。粉丝之所以选择李佳琦，是因为他找到了粉丝的痛点：如何选择一款最适合自己的口红？李佳琦帮助粉丝解决了问题而不是推广产品，所以李佳琦能够创造5个半小时带货353万元的纪录！

其实，这个思路在营销界早已得到共识。无论是主播带货还是传统销售，那些佼佼者都具备解决客户问题的能力。客户之所以选择购买你的产品，是因为他认同你的理念、思想和价值观，相信你的专业能力能够真正帮助他解决实际问题。

理解了这点，在直播间进行带货时，我们就要调整说话的技巧，尽可能从粉丝痛点的角度制造场景，说出让他不可抗拒的事实，并将这个事实演变成问题。例如，我们需要销售一款复印机，这时候如此表达："我的好多粉丝都是白领，有些还是主管甚至老板本人。我们都知道，每一个客户都会从贵公司打印出来的文件的品质去评价贵公司的产品和做事的品质，所以每一份文件都代表着您公司的形象对不对？很多公司打印出来的文件的品质不够好，给客户留下了不好的印象，实际上那并不是他们公司真正的品质，你说是不是呢？"

先说出"客户关注文件品质"的事实，再制造"你的公司的品质不应该这样的"问题，那么何愁这款复印机没有销量？抓住粉丝亟待解决的问题做文章，而不是只顾低头念参数，你会发现自己的带货能力会大大提升！

03 高手主播能成交的8个潜意识

高手主播能够创造如神话一般的带货奇迹，不仅仅只是有技巧这么简单。尤其以李佳琦为例，虽然我不能知晓他内心的全部想法，但是通过观察，还是可以找到他对待这份工作的潜意识。结合李佳琦，我将这些潜意识进行了归纳总结，它们一定会助力主播们的带货销讲，促成成交。

1. 了解你的粉丝

主播一定要了解自己的粉丝，知道他们的需求是什么。尤其是网络直播，我们不能直接接触屏幕对面的用户，能获取的信息就更少，所以就要更加注意分析粉丝的习惯，尽量去刻画出"用户画像"，这样才能有针对性地选择产品和整理销讲语言。李佳琦之所以选择略嗲的腔调、俏皮的描述，这是他的粉丝决定的：要让粉丝感到萌、可爱。你的粉丝喜欢什么？什么话题更容易引起他们的兴趣？好好想想这些问题吧。

2. 让自己成为"专家"

选择好自己的带货方向，就必须让自己成为"专家"，这不仅是为了个人形象的塑造，更是为了真正服务好粉丝。看看李佳琦，在直播的背后，是家有五万支口红的体验，无论哪一个品牌的口红，只要说出色号三秒钟即可将其找出，并介绍它的优缺点。拥有这种顶级的业务能力，自然就应该拿顶级的年薪！夯实自己的专业，不要当粉丝咨询产品的细节时，主播还要到官网去查询，这种不专业的做法怎么可能打动粉丝？

3. 寻找不同粉丝的不同痛点

仔细去看李佳琦的视频，你会发现他的一个套路：拿出一套口红——快速试色——最后为你选出最值得买的 3~4 支。李佳琦没有放过任何一名粉丝，利用"提出问题——分析问题——解决问题"的思路，针对每一种类型的女性做出推荐，让粉丝对号入座，不买不行。

这就是"差异化"销售。每一个粉丝都有不同的需求，尽可能解决每一位粉丝的痛点，而不是只针对某一类人，那么我们的带货能力将会大大提升。

4. 主动拓客，扩大粉丝的基数

没有人能够实现百分之百的销售转化率，李佳琦也不例外。只有不断扩大粉丝的基数，那么在转化率固定的情况下，销量才会节节攀升。

看看李佳琦是怎么做的：早在 2017 年之前李佳琦就已经做起了直播带货，但并没有很大起色。2017 年淘宝直播转型让李佳琦找到了第一个风口；随后，他又进军 2018 年火热的抖音平台寻找流量，最终吸引了大量粉丝进入直播间。

我们同样也要如此，不能只守着直播间，而是要在多个平台进行推广，从"采集型"主播变成"狩猎型"主播，拓展自己的影响力。

5. 真诚永远比技巧重要

李佳琦同样在直播中翻过车，甚至为了维护自己的助理，选择与粉丝"互怼"，但是为什么他的粉丝依然那么忠诚，一如既往地让他"三分钟卖断货"？关键就在于：李佳琦非常注意信任感的建设。直播时，他永远站在客户的一边，接到粉丝对产品体验不佳的留言，甚至不惜与品牌方"开撕"；如果折扣不给力，也会建议粉丝先别购买。这种基于真诚而打造的人气，是任何技巧都不能比拟的！

6. 懂得借势，让粉丝更兴奋

在李佳琦的直播间，每个月都会有明星大咖前来助阵，包括王源、蔡依林、杨颖、江疏影、唐嫣、杨洋、魏大勋等，即便他们不带货，但只要能够走进李佳琦的直播间，就会引发大量的话题和流量，让粉丝们一阵狂呼。粉丝更兴奋，购买的冲动自然更强烈，所以如果我们也有这样的资源，即便不是一线明星，只是一个与我们一样的主播，也可以邀请他（她）来做客，增加直播间的新鲜感。

7. 宠爱自己的粉丝

让粉丝觉得自己不是"粉丝"，而是被呵护的对象，这是李佳琦最擅长的"心理战"。只要粉丝提出的要求合理，他就会立刻执行，比如粉丝说他的头发不齐，那么就立刻打理；粉丝咨询一款口红，他也绝不看品牌方的面子，指出这款口红"简直就是十年前迪厅的颜色"。为粉丝着想，这样的人物形象丰满而立体，粉丝与主播互相宠爱，在这种氛围下怎么可能没有高销量？想想自己是如何对待粉丝的，我们能做到这一点吗？

8. 爱上自己的工作

最后一点，看似没有任何技巧，但却是成为高手主播的必经之路。爱上自己的直播工作，全身心投入其中，就像李佳琦，一年 365 天，累计直播 389 场，从晚上 7 点到夜里一两点，结束后继续复盘，连续三年没有私生活，这种"拼命三郎"还有几个人能做到？"天道酬勤"这四个字，在主播界同样适用！李佳琦的成功，没有任何捷径，这都是靠敬业拼出来的。

所以，想要成为高手主播，就要明白：我们必须爱上这份工作，总是三天打鱼两天晒网，没有缘由地停播，就不会有人关注你的直播间，粉丝也不会接受你的带货！

04　如何讲好一个能辅助成交的故事

几乎所有高手主播秘籍中，无一例外都会讲到一个法则：讲故事。在这个碎片化的互联网时代，一个短小但却或幽默、或温情、或搞笑的故事，往往会迅速提高主播的人气；如果还能源源不断地输出故事，那么这名主播毫无意外可以坐上平台排行榜前50名的宝座。

但是，故事看似简单，想要讲得打动人，尤其是可以促成成交，并不是一件容易的事。那么，如何做才能讲好一个辅助成交的故事？

我们先看一个负面案例。

很多人的微信都曾被一个漂亮女生头像的人加为好友，一开始她会和你聊人生、聊感情，还会分享自己的生活，比如关爱老人、关爱贫困儿童，让你忍不住点赞。再后来，她忽然说自己的外公是炒茶高手，但是远在山区也不懂怎么卖，希望你能够买点茶……

"买茶骗局"这些年屡见不鲜，也许你会嘲笑上当的人是"傻子"，但数据显示，这样的傻子可不在少数：2018年6月1日《惠州日报》曾报道，警方成功打掉1个利用微信交友实施诈骗的特大电信网络诈骗犯罪团伙，涉案金额达到3000多万元！

买茶骗局、POS 机骗局、外卖骗局……这些看似可笑的骗局却无一例外都非常"成功",从某种程度上来说,这些不法分子的确是讲故事的"高手",他们有铺陈、有推销、有互动、有转化,懂用户心理,擅设圈套……

作为主播的我们,在讲故事时,同样需要遵循有铺陈、有互动、有转化的思路,平淡无奇的故事,只会让粉丝们觉得乏味。把一件小事讲得一波三折、声情并茂,才能激发粉丝的购买欲望。

意识到讲故事的重要性与原则,接下来我们可以从这几个角度包装故事。

1. 真实的故事最具感染力

越真实的故事,越容易打动人,越具有说服力。尤其当故事的主角是主播自己时,情绪的渲染更加明显。所以,我们一定要挖掘自己曾经的经历,比如不起眼的杯子给自己带来了怎样的改变、这款口红如何给自己带来了一次职场上的机会、那款智能化的微波炉给自己家带来了怎样的快乐……我们可以适当夸大自己的经历,让粉丝感受到这个故事充满趣味或哲理,粉丝就愿意扫码购买!

2. 设计好故事的冲突性

好的故事,一定是引人入胜,勾着人想要听下去的。所以,讲故事时一定要设计好冲突性,可以用夸张的语言告诉粉丝:接下来剧情就要转折了!例如,我们想要推荐一款钢笔,在前期故事中简要讲述自己与客户签合同时很顺利,但是忽然语气转折发现忘带签字笔;渲染自己的焦虑,然后说自己急忙在门口的一家文具店发现了这个品牌的钢笔,有惊无险地顺利签约。一个引人入胜的故事是具有画面感的,让粉丝好像也在现场一般,那么我们就成功了一大半!

3. 带货讲故事,越简单越好

讲故事必须要有细节,但不等于如评书一般讲几十分钟还在铺垫。尤其对于带货主播来说，故事讲得越简洁越好，有的时候甚至几句话就可以构成一个完整的故事，这是讲故事的最高境界。

"昨天我下直播时已经是深夜两点，回到家3点，我饿得甚至想把门把手都吃了！下楼去24小时便利店，一眼就看见了这款自助小火锅，回家赶紧弄好，哇，那种麻辣和香味，让我少活10分钟都觉得值！对，就是现在我手里的这款！"

这个故事不过百余字，却很结合了真实、冲突与简单的三原则，让粉丝立刻联想到饥肠辘辘与大快朵颐的快感，所以自然销量暴增！

05　如何让粉丝感到"饥饿"，对你的产品欲罢不能

想提升宣讲效果，要促成成交，最重要的一点，就是"创造粉丝渴望"——让他们感到"饥饿"，再满足他们的需求，成交自然水到渠成。李佳琦无疑是其中的高手。李佳琦背后的客服团队会每天在各个渠道搜集粉丝的需求，根据需求确认上线的品牌。每天直播时，他都会渲染每一款产品为粉丝带来的改变，让粉丝从心里认识到对产品的需求。

前期准备结束后，在直播时，李佳琦就会亮出大招，以"转折式连续惊喜"的方式刺激粉丝：以产品优点打底，再配合全网最低价，再买赠，再加赠品！

这几招下去，几乎所有粉丝都会主动点击购买链接。

从调研到气氛渲染再到最终的成交，李佳琦始终将"粉丝渴望"放在第一位，这种良性循环一旦启动就停不下来，所以粉丝们自然欲罢不能！

从李佳琦的直播模式中，我们也可以找到启发，同样创造粉丝的渴望。

1. 制定限定条件

李佳琦为粉丝们提供的各类产品，包括优惠、赠品等，都必须通过直播间的链接点击。换而言之，你一定要是李佳琦的粉丝，至少也要是关注李佳琦直播的新粉。限定身份，会让购买的机会更稀缺和紧迫，也更有一种内心的"虚荣感"：这是我们的专属产品。

制定限定条件，不仅包括粉丝身份限定，还有价格限定、机会限定、附加品限定等，这些都能让粉丝觉得这个机会是稍纵即逝的，错过就是损失，大大提升他们的购买渴望程度，不再只是"旁观者"。

2. 一定要抓住粉丝的要害穷追猛打

李佳琦的粉丝主要是女性，所以从产品选择到销讲语言会对准女性粉丝的特质，尤其满足精英女性"独立、自我"的诉求；快手斗鱼哥的粉丝很多都是草根网民，所以他的语言更接地气，产品主打性价比。

试想，如果我们的粉丝以企业白领为主，他们会更在乎产品的品位、品牌价值，但我们的产品都是山寨货，那么即便多么用力地推销，也不可能有多大的效果。所以，多学学李佳琦，去分析自己的粉丝喜欢什么、诉求是什么，有针对性地选择产品，这样才能勾起他们的欲望。

3. 在价格上足够惊喜

世界上没有一个人不喜欢低价，尤其在保证正品的前提下。无论是李佳琦还是其他主播，说到底还是超低的折扣最让人心动，前期的所有流程都是为了这一刻做铺垫。我身边也有不少李佳琦的粉丝，她们最爱说的就是："买得超值！"所以，一定要让价格足够低，让粉丝们意想不到，这样他们才能真正的欲罢不能，每天都来消费！如果价格和线下实体店一样，我们的直播怎么会有吸引力？在与品牌方沟通时，一定要把握"低折扣"的原则，否则再多的技巧、再花哨的直播模式也是无用功！

06 直播间促成成交的 5 个细节

想要通过直播促成高频成交，还有很多小细节需要完善。处理好这些细节，下一个李佳琦也许就是你！

1. 让粉丝自己做决定

最让人反感的销售方式，就是用一种类似强迫或乞讨的方式，要求粉丝购买："如果是我的粉丝，就请立刻下单，否则你就是黑粉！""求求大家，这个月我真没收入了，反正买了你也不吃亏，快下单吧！"这会让粉丝感到非常不舒服，认为自己被主播"道德绑架"，必然会引发一小部分粉丝的抵制，在各大社交平台进行猛烈的抨击。

既能促成成交、又不引发粉丝反感的技巧，就是让粉丝自己做决定，"这款产品之前我们在抖音已经卖了 10 万套！""我们直播间的价格比免税店还要低！"这是李佳琦等顶级主播都喜欢用的方法，不刻意要求粉丝购买，而是用这样的方式暗示粉丝：这款产品非常值得购买！没有"被购物"的压力，又能享受到实打实的实惠，完全由自己做主，粉丝反而会更加喜欢！

2. 给粉丝带来"压力"的唱单

让粉丝自己决定，可不是完全不管粉丝的心情，销量多少自己也不介意。在与品牌方确认合作时，往往都有KPI指标，这是我们必须完成的基本目标。在唱单的时候，我们也要给粉丝带来一点压力，让他们觉得再不下手就晚了。

"所有女生注意咯，这个×××只有3万份！所有女生，来准备，321上链接！3万，2万，1万，快，6000，好，没了！下一个！"

"如果这个抢不到，就可以直接睡了，其他的应该也抢不到！"

常看李佳琦、散打哥、陈洁KIKI直播的朋友，一定不会对这样的唱单感到陌生。这些顶级主播，都很懂得气氛渲染之道，在高昂精神、快节奏语速的加持下，他们会给粉丝们带来一种莫名的急迫感：如果现在不下手，以后就买不到了，那可吃大亏了！

在这种如比赛一样的紧张气氛下，也许这款产品自己根本不需要，但粉丝们却稀里糊涂地就买下了。其实，粉丝喜欢的并不是这款产品，而是直播间这种刺激的氛围！

3. 激动人心的成交"BGM"

BGM，就是背景音乐。背景音乐的意义不用多说，看电影时我们或是感动流泪，或是激昂奋起，都少不了BGM的功劳。细心的朋友一定会发现，优秀的网红在完成一轮带货时，往往会播一段专属BGM。这样做的目的，就是为了烘托直播间的气氛，让所有粉丝有一种"战场胜利归来"的自豪感。激动人心的成交BGM，会进一步刺激粉丝的肾上腺素，在接下来的购物环节更加投入！

4.巧妙使用直播成交助手

除了直播平台，越来越多的第三方直播成交助手也开始出现，它们会进一步完善我们的直播带货活动。市面上常见的第三方直播成交助手，具有弹幕上电视、礼物秀、水友入场欢迎、全屏特效等功能，会让直播间的气氛更热闹、更酷炫，主播不妨灵活应用。

5.滚动展示的成交场

多数直播平台都会给主播一个"成交场"模块，我们也要积极使用。成交场主要展示已经成功购买产品的粉丝的ID，在直播间下方的一侧不断滚动展示。一方面，这会让已经购买的粉丝上榜，让他们感到精神层面的满足；另一方面，刚刚走进直播间的粉丝看到直播间的火热，也会产生兴奋感，投入"抢货"的节奏中。

Part12

高手主播爆红的运营与营销技巧

　　高手主播之所以可以爆红,并不是仅仅对着直播间的视频头这么简单。在直播间外不断吸引粉丝,建立高品质的社群,并通过MCN经纪公司进一步拓展业务,从内到外不断提升自己的个人品牌……做到这些,你才能成为下一个李佳琦!

01 直播账号全方位打造的5个技巧

直播账号，就是我们在各个平台的 ID，它是我们带给网友的一张名片。别小看直播账号，这其中也暗藏"宝藏"，打造好直播账号，就可以形成第一波的引流！

1. 账号名称的设置

在互联网越来越个性化的时代，账号名称，即主播的名字一定要既充满个性，既体现个人特点，又要足够好记，让粉丝可以脱口而出。在取名的时候，尽量不要超过五个字，太长的名字不容易被粉丝记住；同时，尽量避免多音字，让粉丝产生困扰。一旦确定好账号名称，没有特殊情况就不要更换，让它陪着我们一辈子吧！

还有一点需要注意：我们的账号名称一定要多个平台统一，太混乱的名称只会淡化粉丝的记忆，甚至误以为这些不同的账号名称是不同的人，不利于主播的聚焦。

2. 账号的设置

所有直播平台都会提供账号设置板块，包括头像设置、性别设置、爱好设置等。细心的主播会对此大做文章：选择自己最好看的头像、详细说明自己的爱好等，这样新网友发现我们时，就可以快速对我们有一个完整的了解；反之，如果设置中一片空白，则网友对我们没有丝毫了解，很难会产生进一步的好感。所以，一定要重视账号设置，让自己的特质尽可能地展现出来。

3. 定位的设置

定位的设置，主要体现在直播间介绍，以及主播个人介绍的签名档"小尾巴"上，多数只是一句话，但却可以展现我们侧重哪个方向。例如，"×××专注于互联网营销、社群裂变、粉丝维护、带货技巧……每周二、四、六晚8点准时开播，带给你不一样的互联网运营思维！"这种定位设置精准、详细，既说明了侧重的方向，又公示了直播的时间和频次，会大大提升网友对我们的认知。

4. 素材的设置

如B站、斗鱼等平台，在点击主播账号后，会出现更加完整的界面，包括直播列表、主播文章等，这都是主播素材的组成。我们可以将人气最高的直播回顾、粉丝最喜欢的主播照片放在显著位置，让网友很容易看到精华内容。一旦觉得这些内容足够新鲜、有趣、有价值，他们就会点击"关注"，成为我们的粉丝。

5. 账号的借势

借势，也是不可忽视的账号塑造法则。我们不必频繁更换ID，但可以在签名档上做文章：李佳琦同款卫衣今晚上新、不逊于小米手环的黑科技手环晚上8点开抢……李佳琦、小米都是流量关键词，这样借势，我们也可以实现快速引流。

02 粉丝获取与留存的 8 个技巧

网红时代，没有粉丝做基础，直播的内容再花哨也是无用功。几乎所有新手主播都有这样的困扰：为什么我的粉丝数量那么少，还很容易流失？想要解决这个难题，就必须提升粉丝获取与留存的技巧。

1. 多平台差异化作战

几乎所有网红都不止在一个平台活跃，如在淘宝直播做直播秀、在斗鱼发段子、在微博分享日常活动和互动、在微信公众平台进行直播预告与文字分享。这样做的目的，就是最大限度地曝光自己。移动互联网时代，每个平台都有自己的特点与风格，在不同平台进行针对性的引流，才能将粉丝最终汇聚到我们的直播间里。在多平台差异化展示自己，塑造不同的场景，而不是在直播间里守株待兔，会让我们的曝光率大大提升！

2. 一定要让自己赏心悦目

直播前，一定要化妆，让自己赏心悦目起来。直播不亚于传统的晚会，我们则是一名演员。要保证每次直播都有一个完美的形象，并保持良好的状态。不要邋邋遢遢地直播，更不要为了一时的流量而做出不雅的行为。尽管互联网不乏"审丑思维"，但你是想做"15 分钟的红人"，还是想做可以一直红下去的"长久主播"？一定要让自己赏心悦目，除了要化妆，还要注重姿态、眼神……

用一个专业演员的要求来约束自己,才能走到粉丝的心里,让他们永远爱自己!

3. 与其他主播合作,增加自己的引流途径

如今的网红直播越来越讲究"合作",A 主播会到 B 主播的直播间做嘉宾,B 主播也会到 C 主播的直播间做客,甚至发起激烈的较量。这样做会实现资源整合最大化,让彼此的粉丝交叉,彼此进行引流。所以,如果有与其他主播合作的机会,一定不要拒绝,在他的主播间发挥自己的特长,借他人之势给自己引流,这会起到事半功倍的效果!

4. 温暖自己的粉丝

只顾自嗨地表演、冷冰冰地带货……这样的主播没有人会喜欢。直播时,我们一定要学会"温暖粉丝":与粉丝互动,满足粉丝的需求;关注粉丝,发现粉丝情绪不高时,及时调整直播节奏;关心粉丝,遇到不开心的粉丝,主动连麦,和他们聊天谈心。粉丝之所以关注我们的直播间,是因为这里能够带来自己想要的快乐,否则,看电影岂不是更轻松?一定要懂得与粉丝互动,用自己的温暖让粉丝感到在你的直播间很惬意!

5. 多做活动,让粉丝沉淀下来

为了避免粉丝"刷一单即取关",主播在进行粉丝维护时,一定要多举办各类活动,让粉丝沉淀下来。例如,在直播带货活动之外,我们可以举办"粉丝大爬梯",这一天不会推销任何产品,就是自己与粉丝连麦聊天,邀请粉丝展示自己的才艺;还可以定期举办线下见面会,邀请自己的忠实粉丝一起聚餐、唱歌等,在现实中与粉丝交流互动。这些活动的目的,就是给粉丝们带来新鲜感和荣誉感,避免单一的模式让其产生审美疲劳。

6. 聚焦粉丝,维持输出的风格

主播最忌讳定位飘忽,甚至没有定位:今天想到唱歌有趣,连续三天唱歌;

后天看到舞蹈容易火，开始在直播间跳舞；大后天看到财经人气高，又对财经内容侃侃而谈，结果到头来没有一个做得长久。每一种定位，所针对的粉丝都是不同的，总处于不断变化之中，怎么可能让刚刚产生好感的网友转化为粉丝？

带货也是如此。李佳琦不是没有尝试过其他产品，如剃须刀，但是粉丝反馈很不好，所以最终他将定位放在了口红主播上，配合一定的美食产品、家居产品，服务的对象就是"女性"。聚焦粉丝的习惯，强化自己的风格，这样粉丝才能给我们、给自己贴标签，成为我们的忠实粉丝！

7. 定期了解粉丝的变化

随着粉丝年龄的增长、新兴直播模式的兴起、潮流的更迭，粉丝对于我们的感情势必会产生变化，继而出现一定流失。所以，我们必须定期了解粉丝的变化，通过直播问答、调查问卷的方式，了解粉丝是否对我们产生了审美疲劳，有哪些建议。这样做，我们就可以了解粉丝的动态，不断根据粉丝的喜好调整自己的模式，挽留那些即将"脱团"的粉丝。

8. 提升产品的品质

几乎所有的主播都开启了"带货之路"，尤其对于李佳琦这样的专业带货网红，产品直接决定了口碑。嘴上说得再天花乱坠，但产品品质低劣，甚至在直播时频繁翻车，势必会引起粉丝们的强烈不满。要记住：粉丝之所以会接受我们的推荐，是因为我们用"人格品质"做了保证！所以，对于那些口碑极差、三无产品、自己不能试用的产品，无论品牌方给出了多高的条件，都必须拒绝！

03 高手主播的内容规划与打造技巧

高手主播在进行直播前，一定会对当天的直播内容进行规划与整理，以求直播呈现精彩、独特的个性。这就像人一样，没有个性的主播不可能受到网友的关注，没有精彩内容呈现的直播，也很难让粉丝们感到兴奋。

一份出色的直播内容规划，应当具有哪些特点？

首先，要有"理"，即言之有理。让粉丝信服我们的观点，这是基础。试想，如果李佳琦做出的口红评测没有粉丝愿意相信，粉丝又怎么可能会积极购买？

其次，要有"节"，即有节制。无论直播状态多么亢奋、观点多么与众不同，也不能挑战粉丝与社会道德的底线，不能无所顾忌。

2018年8月，拥有百万粉丝的斗鱼主播林蒙在直播时忽然说出一段挑战大众底线的言论，受到粉丝们的一致批评，斗鱼直接将其直播间关闭。尽管随后林蒙表态自己是因为口误，吃了没文化的亏，但这种解释并没有得到粉丝的谅解，林蒙就此彻底"凉凉"。

最后，要有"奇"，即观点独特。直播的内容与其他主播截然不同，可以充分体现主播的个人特色，这样才会让粉丝愿意听你说，而不是被其他主播拉走。

"理""节""奇"是直播内容规划的三原则。在做好三原则的基础上，我们还可以通过下面这些小技巧进一步完善直播内容。

1. 直播前 15 分钟规划：互动与介绍自己

每天直播开始后前 15 分钟，我们需要与粉丝进行互动，与老粉丝打招呼，尽可能点到那些忠实铁粉的名字，告诉他们"自己来啦"！然后，对新粉丝表示感激，并介绍自己是谁、当天直播的主题是什么，让他们快速对自己有一个了解。

2. 直播 15~40 分钟规划：展示自我

前期预热结束后，进入正式的直播内容。这个阶段通常持续半个小时左右，当然我们可以根据粉丝的反馈灵活调整：如果粉丝反应热烈，不妨延长到 40 分钟以上。此时，粉丝们会不断刷礼物，主播一方面要进行自我展示，另一方面还要关注粉丝动态，对刷礼物的粉丝表示感谢。

3. 直播 40~90 分钟规划：游戏互动

才艺展示结束后，需要进入游戏互动时间，进一步点燃粉丝的互动热情，比如猜猜看、砸金蛋、成语接龙等有趣的小游戏。同时，还可以与其他主播进行连麦，进一步提升直播间的人气。

4. 直播 90~120 分钟：新一轮的才艺展示

经过了之前一轮的游戏互动，直播间的气氛达到顶点，这个时候不妨再一次进行才艺展示。与第一轮的才艺展示相比，这一轮主要侧重于"点播"：询问粉丝想听什么歌曲、想看什么舞蹈、想听怎样的故事，然后作为福利送给粉丝。

5. 直播最后 30 分钟：带货时间

经过前期两个小时的不断互动，粉丝们的热情爆棚，这个时候就可以进入"带货时间"了。当然，如果我们的产品较多，那么可以将之前的内容规划进行适当压缩，给带货留出更多的时间。

6. 最后 5 分钟：表示感谢与预告

直播最后 5 分钟，应对所有粉丝表示感谢，切不可不打招呼就直接下线，否则很容易给粉丝留下没礼貌、高傲的印象。同时，还要预告下一次直播的时间、主题和内容，让粉丝可以提前做好准备。

在以上这 6 个阶段，主播要做好详尽的内容规划。当然，这并不是绝对不能调整的"真理"，在直播生涯中根据自己的定位不断调整细节内容，你就会发现"爆红"其实并不难！

04 主播选择 MCN 机构的 4 个技巧

2018 年之前，是高手主播 1.0 时代。在那个时代，任何一名主播，只要找好自己的定位，内容有趣、直播频率高，就很有可能杀出一条血路，成为顶级主播。我们所熟知的李佳琦、张大奕、散打哥、冯提莫、手工耿等，多数都在这个阶段已经崭露头角。

但是到了 2020 年，当直播已经发展成为一个比较完善的行业之时，再寄希望于一个人创造奇迹已经非常渺茫。就像如今的李佳琦，也早已脱离单兵作战的模式，身后是一个超过百人的团队，帮他招商选品、优化直播技巧、研究淘宝和抖音的流量逻辑等。

行业需求越来越大，MCN 机构即网红经纪公司也应运而生。网红经纪公司的幕后推手，通常都是互联网"大佬"——拥有广泛的媒体关系、强大的运营团队、完善的直播培训计划与丰富的产品对接渠道。甚至，网红经自己公司今对直播内容进行规划，不用主播自己再绞尽脑汁地想创意、找素材。在2020年，加入MCN机构，通过专业团队的运营，进入最适合自己的直播平台，已经成为新一代网红主播发展之路的标配。

克劳瑞发布的《2019中国MCN行业发展研究白皮书》显示，中国MCN机构的数量已经超过了5000家，90%以上的顶级网红都被MCN机构收入囊中。

相信做过主播的朋友，一定都在后台收到过各种"公会"的邀请，加入到"主播家族"之中。这些"公会"，其实就是网红经纪平台，只不过规模较小罢了。成熟的网红经纪平台，会从我们的定位开始，对我们进行专业化包装，并形成"主播矩阵"，主打特色化发展，将其他主播的流量源源不断地引流给你。找到一家靠谱的MCN机构，会让我们的网红直播之路更加快捷！

但是，数千家的MCN机构，其中不乏一些骗财骗色，或是运营能力严重不足的平台，我们该如何擦亮眼睛，找到一家真正适合自己的靠谱机构呢？

1. 别信百度

在百度上搜索很方便，输入MCN机构，前几页全是MCN机构招聘主播的广告。但事实上，真正有实力的MCN机构，绝不会通过"百度烧广告"的方式找人，他们的猎头往往都藏在直播平台和社交平台里。多加入一些网红QQ群、微信群，或是在微博平台关注那些已经有名气的MCN机构，直接与他们私信或打电话，会比百度搜索更可靠。当然，如果你的直播足够有潜力，有实力的MCN机构也会不请自来。打铁还需自身硬，要先通过自己的努力，做好直播！

2. 别太兴奋，先去确认机构的信息

我见过很多主播，某天收到一家MCN机构的私信，于是兴奋不已地认为

自己即将出人头地，不管不顾地就选择签约。结果，这家所谓"高大上"的MCN机构什么能力也没有，甚至还要求我们支付培训费、化妆费、押金等，结果到头来好不容易赚到的钱，全部都被骗子公司洗劫一空。

在收到MCN机构的邀约后，一定要甄别该机构的信息，通过如"天眼查"等网站先了解这家公司的注册内容。经营领域不属于文化传播、注册资金仅仅几万……这样的公司必须在心里打上问号；再去问问其他主播是否了解这个公司，如果这家公司在业内几乎无人知道，那么基本上可以断定：这家公司非常不靠谱！

其实，在抖音的商业交易平台上，截至目前已经有数百个合规的经纪公司名单，对照这份名单，我们就能大概率地避开风险。

3. 了解其旗下是否有孵化成功的案例

对于新MCN机构，我们一定要了解其是否孵化过成功的网红，是否具有较为成熟的运营能力。如果这家公司没有一名优质网红，则往往意味着他们在行业资源和商业化运作上存在明显欠缺，即便签约也不会给我们带来多少帮助。

4. 看看合约对自己的约束

即便找到了靠谱的MCN机构，也不等于自己就会很快火起来。有很多主播都曾和我说过：签约到一家大机构后，对方却始终不安排直播活动，每天只是等。结果自己好不容积攒的粉丝逐渐流失。而这份合约的时间特别长，自己的黄金时间也被浪费了。

主播们一定要学会看合约，看其对直播频次、直播方向、直播内容、代言限制做出了那些规定，是否合理。如果有必要，可以让深谙这一行的前辈或律师帮自己把关，避免自己被公司雪藏。

直播行业如今依然是一个新兴行业，鱼龙混杂、所以，主播们一定要擦亮眼睛，找到真正成熟的经纪公司，这样才能实现我们的顶级网红梦！

05　粉丝社群构建与运营技巧

直播的背后，是社群文化的发展。主播依靠个人魅力聚合粉丝，形成社交群体网络，这样才能让我们的直播事业体系化，并实现最大的变现。比如李佳琦，其团队运营的微信粉丝群就达到了数百个，这就是典型的社群模式。在社群内发布直播信息、与粉丝互动、精准投放产品……可以说，有社群不一定能成为顶级网红，但没有社群，一定不会成为顶级网红！

那么，我们该如何进行社群构建与运营呢？

1. 在直播间公布自己的社群号

在直播过程中，我们要告诉粉丝："我的亲友群已经开通，大家可以加入哟！每天的直播信息都会在群里公布，我也会在群里和大家互动，我相信大家一定会聊得更开心！想进群的朋友可以联系直播小助手，欢迎大家！"每次直播口播3～5次，很快一个社群就会成型。

2. 持续不断地输出内容

每天，主播都要在社群内输出有针对性的内容。美妆类主播主要分享关于化妆、穿衣打扮方面的内容，并与粉丝进行互动交流，解答粉丝的提问；亲子类主播主要分享关于家庭教育方面的内容。一定要注意，分享的内容要与个人定位相符。如果自己是游戏主播，每天却只分享心灵鸡汤，自然不能激发粉丝们的热情，久而久之整个社群的活跃度就会彻底归零。

3. 定期举办活动

社群活动包括线上活动与线下活动，这是活跃社群最有效的手段。线上活动，包括手绘主播赢奖品、众筹专属产品、粉丝K歌大赛、为某粉丝募捐等，只要能够让粉丝们参与其中，并且能够获得各种福利，粉丝的热情就会非常高。

线下活动，主要为粉丝见面会、演讲会等，提前发布通告，说明参加粉丝见面会的条件，激发粉丝热情。线下活动举办时，要在社群内进行直播，不断放出照片，刺激其他粉丝在下一次活动时踊跃参加，与主播近距离接触。

4. 创造社群荣誉

创造属于社群的荣誉体系，对于那些发言积极的粉丝，可以颁发"最佳活跃"头衔；对于积极维护社群秩序的粉丝，可以颁发"最佳组织"头衔。让不同的粉丝在社群内找到自己最舒服的位置，同时还可以获得精神与物质奖励，他们参与社群互动的热情就会更高。

5. 制定社群规则

一定要制定社群规则，明确哪些内容不能发，哪些话题不可以讨论。尤其对于广告必须明确限制，一旦一个人发广告，就会导致数十个人发广告刷屏。社群管理员必须对发广告的人禁言或移出社群，避免社群沦为广告群。

最后，需要提醒的是：社群的运营，单靠主播一个人是无法实现的。粉丝维护、话题引导、动态播报、活动举办、素材整理……社群已经是一种文化，而不是简单的方法论。当我们开始进行社群构建时，就意味着需要组建一支专业的社群运营团队，每个人负责不同的领域，对社群进行维护。从这一刻起，寻找适合自己、有一定经验的互联网运营高手，组建自己的社群运营团队吧！

06 主播个人品牌打造与形象塑造策略

无论我们是否和 MCN 机构签约，背后是否有高人指点，想要成为如李佳琦一样的高手主播，自己就必须认可这份事业，愿意为它付出努力，不断强化自己的个人品牌与形象，始终保持积极向上的状态。你表现出来的状态，是经纪公司的要求还是自己的主动提升，粉丝们很容易分辨出来。为了自己的顶级主播梦，加强对个人品牌与形象的塑造吧！

1. 创建自己的 IP

IP 是什么？是围绕网红诞生的衍生品，是个人品牌组成的必要环节。

说到口红，我们就会想到李佳琦，这就是李佳琦创造的 IP，他几乎就是口红的代言人。而比他更早一辈的网红，如 Papi 酱，曾推出过自己的专属 T 恤，张大奕创建了自己品牌的女装，吴晓波推出自酿的吴酒，更是将 IP 实体化。我们有理由相信：未来李佳琦一定也会创建自己的品牌，使 IP 价值最大化。一旦形成 IP，意味着我们的形象会更加丰富和立体，个人品牌价值也会最大限度地提升。

想要实现这一点，就必须在自己的领域深耕细作，不断强化身上的标签。就像冯提莫，最初也做过其他类型的尝试，但其最终发现唱歌最适合自己、最让粉丝满意，那么就在这个领域不断探索，到如今甚至已经成为一名职业歌手。不要总是改变自己的定位，在某个垂直领域成为大咖，那么你的 IP 价值就会逐渐呈现！

2. 让自己从"娱乐"晋升为"专业"

多数主播的个人形象，往往只能停留在"娱乐"这个层面上，在直播间嘻嘻哈哈，时间长了粉丝不免会有些审美疲劳，但又突破不了这个瓶颈，渐渐地没了人气。

想要突破这种瓶颈，就必须强化自身的品牌与形象，从"娱乐"逐渐晋升为"专业"。这需要我们依托社群展开更多维度的探索，例如，一名游戏主播在自己的微信公众号中发起"寻找生活中的七龙珠"活动，引导粉丝们积极参与，内容已经不再是简单的游戏互动，而是进入更深层次的生活，顿时主播形象饱满了很多，圈粉无数。

深挖自己所在的领域，让内容更加个性化、互动化且不可复制，会给予我们完全不同的形象。例如，我们是一位萌宠主播，那么能不能推出"这十部宠物电影，我们不得不看"的视频剪辑短片？这样的内容已经不再局限于"直播"，树立自己更加专业的形象，并且制作的内容有趣、精准，会给粉丝们带来强烈的共鸣！

3. 专业，才让人信服！

这里所说的"专业"，并不仅仅是指内容上的专业，更包括了对待直播这份工作的专业：能够真心投入直播、不断提升直播的软硬件设备、社群专业化维护……

我曾看到过一名一线网红的日常排期表，从早上十点开始，一直到深夜两点，每个小时的工作都安排得非常满，包括设备测试、化妆、开场白调整、与其他主播交流、查看粉丝留言等，几乎每一秒都不会浪费在无用功之上。这种专业的态度，必然会让主播呈现出专业的姿态，不仅会让粉丝喜欢，更会让他们钦佩！

反之，有一部分主播对待直播并不投入，直播时硬件很差却浑然不知，网络频繁掉线、声卡回音严重；不理会粉丝的留言，粉丝们情绪不满而主播却无动于衷；直播时忽然电话铃声响起，不打招呼就站起来到外面接电话，丝毫不理会粉丝对着空荡荡的房间抗议……

"天道酬勤"对于任何一项工作都是真理。表面上看，直播很简单，只要打扮好坐在直播间即可；但在这背后，却有大量的工作需要提前完善。所以，想要打造出可信的个人品牌与形象，就必须真正投入这份事业之中，不离不弃！

后记

2020年注定是让所有人记忆深刻的一年。这一年，线下生意被迫间隔性停歇，人们的注意力大部分都转移到了线上。购物、消费、娱乐等活动都与线上密不可分。而这一年，几乎人人都做起了直播，成为了主播，通过直播卖货、通过直播上课、通过直播开会等，直播俨然成了大家生活中的一部分。

而任何事情，并不是随心所欲就能做好的。在人人都做主播的年代，要想脱颖而出，就必须在直播过程中修炼自己的内功。比如沟通的方式、对待直播间粉丝的技巧、说话的语音语调等。专业化的主播，才能赢得粉丝青睐，获得更多的流量支持和曝光。

在这本书里，我告诉了大家要想成为网红主播，在直播的时候应该如何做，可以说这是一本主播自我修炼指南。

在这本书的成书过程中，我得到了大量好友的鼓励和支持。他们献言献策，提供了力所能及的帮助。书中很多案例、方法、技巧，都是他们在实际操作过程中的经验之谈，谢谢他们给了我灵感和素材。

在此我要郑重地感谢你们！因为人员众多，我在这里无法一一列出，具体名单附在了后面，对你们的感谢，我无以言表！再次感谢！

希望我们能共同把这本"主播的自我修炼指南"带给更多想要成为网红主播的人，带给更多将要或已经走进直播间的人。学习是成长最好的捷径，如果没有方法指导，靠自己的摸索，时间成本太高。各位主播，你们想要的，这本书都能告诉你们！

附：联合出书人名单

徐曼青	花家部落董事	梁锦达	良策明星传媒董事长
范恒宾	新零售赋能中心运营总裁	李绵羽	梦笙品牌联合创始人
黄 蓉	千叶卫生用品公司创始人	陈晓聪	梦笙茁悦联盟创始人
袁子阳	资源匹配规划师	陆 艺	资深主播培训网红变现导师
喻 薇	微达国际合伙人	彭芬芬	美业化妆师
赵艳兰	英皇集执行董事	范文庆	微达国际合伙人
林真如	业绩倍增规划师	陈莹醉	阿缇米斯新零售运营总裁
王楷程	品牌内训王牌导师	徐庆珍	女王天团运营主管
赵泽良	行销组织系统架构师	李 娜	母婴微商万人团队创始人
郭 涛	新零售赋能专家	吴博豪	微达国际合伙人
童 童	爆品定制导师	黄奏燃	微信智慧社区总裁
郭嘉欣	沫龄品牌创始人	刘金艳	旗舰店店主
张倪宁	微达人工智能联合发起人	牟云星宅	星火元传媒联合创始人
刘雄和	中医馆执行总裁	陈淑君	沫龄品牌联合创始人
徐 倩	微达国际合伙人	妙蕙忆	线上创业导师
赵咖晨	泳媛春实业总裁	李 红	某分公司经理
曾振纱	麦吉丽品牌总监	蒋婷婷	ICESPEED 创始人
刘 璐	洛芙泉品牌创始人	李璇画	纤之魅品牌合伙人
孔妍斐	中国沟通教育推动者与实践者	梁翠玲	麦吉丽品牌总监
韩 超	超级带货王平台运营官	王 蓉	萌涵生物科技董事长
普 渡	小鹅通平台运营官	杨 明	获胜堂创始人
陶俊玲	欧贝儿合伙人	李 华	傲澜品牌联合创始人
张克敏	秘肌萃品牌联合创始人	林颖颖	傲澜品牌股东
李明燦	纳仁生物董事长	曾 荣	铭德医疗器械副总经理
程鹏霖	人性营销研究者与实践者	王昌家	奇语文化特聘讲师
范小芩	萱草集品牌创始股东	张 潘	奇语文化特聘讲师
洪昭仪	时妆品牌创始人	马渊杰	短视频爆流实战专家
赵 静	浪莎新零售运营副总	吴海龙	短视频爆流实战专家
景洪文	商业赋能导师	蒋龙俊	短视频爆流实战专家
梁曦之	奇语文化特聘讲师	钟诗娜	奇语文化特聘讲师